亀ケ岡式土器様式の地域性

縄文晩期の亀ケ岡式土器様式には器種（形式）の組合せをはじめとし，写真のように様式を構成する各型式（大洞諸型式）の器形，文様の変化などいろいろなレベルに地域的な差異が認められる。たとえば，最も普遍的な地文である縄文の効果や縄文の傾きの方向をみるとA，B，C三つの地域性が浮かび上がる。亀ケ岡式土器の縄文は単節LRの斜縄文が通有なものである。A地域では縄文原体のLRないし施文効果としての左下がりのLを多用し，B地域では羽状縄文が好まれ，C地域では撚糸文が多用される。

構　成／鈴木克彦

青森県亀ケ岡遺跡
（木造町教育委員会保管）
（青森県立郷土館提供）

青森県是川中居遺跡
（八戸市博物館提供）

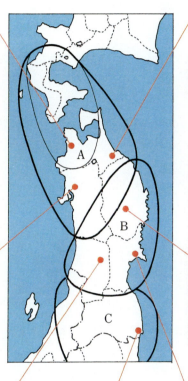

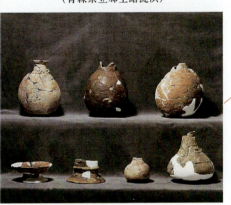

秋田県中山遺跡
（五城目町教育委員会提供）
（秋田県埋蔵文化財センター許可済）

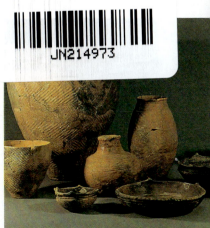

岩手県九年橋遺跡
（北上市教育委員会保管，講談社提供）

山形県宮の前遺跡
（山形県埋蔵文化財センター提供）

福島県番匠地遺跡
（いわき市教育委員会提供）

宮城県里浜貝塚
（東北歴史資料館提供）

勝坂式土器と集団のネットワーク

勝坂式土器の後半である第Ⅳ期になると、西関東を中心とした遺跡どうしで輪になるような関係をつくりあげる。長野方面の遺跡どうしでは相互に関係を持たず、それぞれ独自に西関東の遺跡の輪につながりを持つ。全体で遺跡それぞれ個性的な土器文様となってくるネットワークのあり方を示しているのである。

写真提供／松本市立考古博物館・多摩市教育委員会・所沢市教育委員会・杉並区立郷土博物館・東京都埋蔵文化財センター・神奈川県埋蔵文化財センター・八王子市教育委員会・釈迦堂遺跡博物館・諏訪市教育委員会

構成／今福利恵

勝坂式土器の地域性
―型式分布の3類型―

勝坂式土器の型式は，その分布状態から局地型・漸移型・広域型に区別することができる。局地型は斉一性の強い土器型式が狭い地域に集中して分布し，排他的で境界の明瞭な小地域圏を形成する。漸移型は，細部の特徴に地域差のある類似型式が漸移的な分布の重複を見せながら広域に分布し，境界の不明瞭な地域性を示す。広域型は，共通性の強い瓜二つの土器が地域を超越して広汎な分布を示し，有意な地域差が認められないものである。

構成／谷口康浩

埼玉県宮地遺跡
（狭山市教育委員会提供）

局地型

東京都中山谷遺跡
（小金井市教育委員会提供）

山梨県上野原遺跡
（山梨県立考古博物館提供）

漸移型

長野県下之原遺跡
（尖石考古館提供）

長野県御射山遺跡
（箕輪町郷土博物館提供）

東京都多喜窪遺跡
（国分寺蔵　小川忠博氏撮影）

広域型

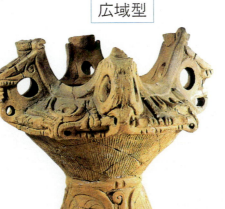

山梨県一の沢西遺跡
（山梨県立考古博物館提供）

長野県高見原遺跡
（駒ケ根市立博物館提供）

伊豆諸島最南端の縄文遺跡

倉輪遺跡は東京から南方約300 kmの太平洋上の八丈島に所在する遺跡である。今まで9次にわたり調査が行なわれ、縄文時代前期終末期から中期前半期までの信州系、関西系、関東系、東海系、北陸系、東北系の土器などをはじめ各種石器が出土した。竪穴住居跡2軒のほか、炉跡、土坑などが発掘され、埋葬人骨2体の出土もあった。装飾品の他には多量のイノシシ、ウミガメ、アシカなどの動物骨やイヌの骨も確認され、猟犬に利用されたらしい。サメの歯を利用した垂飾はサメ漁場に直接関わる資料として注目される。釣針も破格の出土量で、全国的にも稀有な例である。

構成／川崎義雄

東京都倉輪遺跡出土の縄文土器
信州系、関東系、関西系、東海系、東北系の各土器が混じっている。

倉輪遺跡出土の装飾品（「の」字状装飾品は最大径6.0 cm）
（東京都八丈町教育委員会提供）

長野市松原遺跡出土の装飾品
とくに「の」字状装飾品（完形品の最大径2.8 cm）と棒状装飾品は時代的にも共通点があり注目される。
（長野県埋蔵文化財センター提供）

季刊 考古学 第48号

特集　縄文社会と土器

● 口絵(カラー)　　亀ヶ岡式土器様式の地域性
　　　　　　　　勝坂式土器と集団のネットワーク
　　　　　　　　勝坂式土器の地域性—型式分布の3類型
　　　　　　　　伊豆諸島最南端の縄文遺跡
　(モノクロ)　　　五丁歩遺跡の土器
　　　　　　　　市原市内出土の非在地系土器
　　　　　　　　三十稲場式土器様式の型式構成
　　　　　　　　九州の磨消縄文系土器

土器と集団 ―――――――――――――― 小林達雄 (14)
型式と集団
　勝坂式土器とその社会組織 ―――――――― 今福利恵 (17)
　勝坂式土器の地域性 ――――――――――― 谷口康浩 (23)
　三十稲場式土器の型式構成—型式分布と集落――― 宮尾　亨 (28)
様式と地域社会
　土器様式と縄文時代の地域圏 ――――――― 山村貴輝 (34)
　亀ヶ岡式土器様式の地域性—大別 ―――――― 鈴木克彦 (40)
　様式分布圏の境界 ―――――――――――― 戸田哲也 (46)
土器の動き・人の動き
　北海道・御殿山遺跡 ――――――――――― 大沼忠春 (51)
　群馬・房谷戸遺跡 ―――――――――――― 山口逸弘 (54)

新潟・五丁歩遺跡	寺崎裕助	(57)
千葉・西広貝塚	近藤　敏	(60)
東京・大森貝塚	安孫子昭二	(63)
東京・八丈島倉輪遺跡	川崎義雄	(67)
3単位波状口縁深鉢型土器	木下哲夫	(71)
九州・四国磨消縄文系土器	澤下孝信	(74)
琉球列島	伊藤慎二	(78)

最近の発掘から

弥生後期の生産集落―福岡市飯倉D遺跡	中村浩・池田榮史・田尻義了	(85)
東日本最古級の前方後方墳―千葉県高部古墳群	小沢　洋	(87)

連載講座　縄紋時代史

22．縄紋人の集落（2）	林　謙作	(89)

書評	(99)
論文展望	(103)
報告書・会誌新刊一覧	(105)
考古学界ニュース	(108)

第3回雄山閣考古学賞受賞図書発表────(112)

表紙デザイン・カット／サンクリエイト

五丁歩遺跡の土器

新潟県の群馬県境近くに所在する五丁歩遺跡からは，周辺各地の影響を受けた在地色の強い土器が出土している。これらの土器は，馬高式土器などと呼称されている従来の新潟県の土器とは異なった雰囲気の土器である。そしてそれらからは，自らの主体性を確立した集団が独自の思考や行動を展開していたことがうかがえる。

構　成／寺崎裕助　　写真提供／新潟県教育委員会

五丁歩遺跡出土土器（縮尺不同）

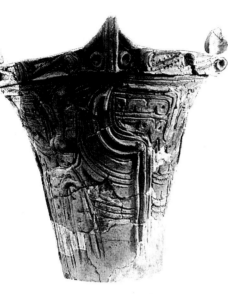

市原市内出土の非在地系土器

東京湾に面した市原市内ではいくつかの貝塚から非在地系の土器が発見されている。1は縄文後期前半の東北地方北部地域の入江・十腰内様式と考えられ，2は東北地方南部綱取式の影響を受けている堀之内I式の古段階の在地の土器型式である。3は岡山県福田貝塚を標式遺跡とする，福田K2式にあたる口縁部片である。4は熊本県南福寺貝塚を標式遺跡とする，南福寺下層式系統と考えられる。5は十腰内I式に非常に類似する。6は瘤付（新地式）様式にあたり，7は縄文晩期前半の仙台湾地域の形態を有している。

　　　　構　成／近藤　敏
　　　　写真提供／市原市埋蔵文化財調査センター

1 菊間手永貝塚出土深鉢

2 菊間手永貝塚出土深鉢

3 菊間手永貝塚出土土器片

4 西広貝塚出土赤彩浅鉢

5 祇園原貝塚出土壺

6 祇園原貝塚出土深鉢

7 祇園原貝塚出土浅鉢

三十稲場式土器様式の型式構成

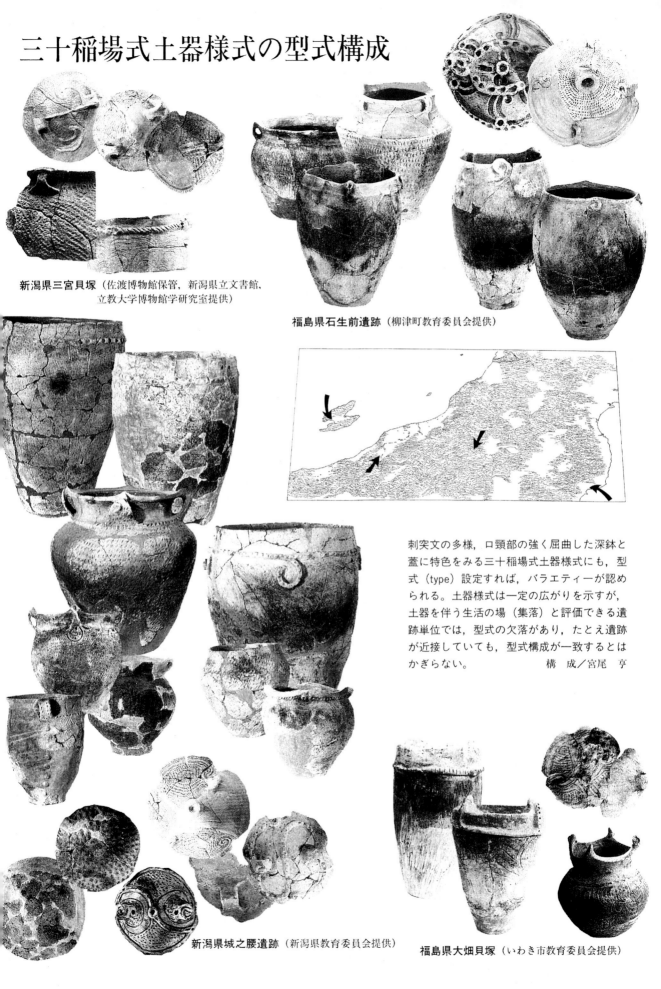

新潟県三宮貝塚（佐渡博物館保管，新潟県立文書館，立教大学博物館学研究室提供）

福島県石生前遺跡（柳津町教育委員会提供）

刺突文の多様，口頸部の強く屈曲した深鉢と蓋に特色をみる三十稲場式土器様式にも，型式（type）設定すれば，バラエティーが認められる。土器様式は一定の広がりを示すが，土器を伴う生活の場（集落）と評価できる遺跡単位では，型式の欠落があり，たとえ遺跡が近接していても，型式構成が一致するとはかぎらない。

構成／宮尾 亨

新潟県城之腰遺跡（新潟県教育委員会提供）

福島県大畑貝塚（いわき市教育委員会提供）

九州の磨消縄文系土器

九州における後期前葉の磨消縄文土器として中津式土器が存在するが，この土器の成立には関東地方の称名寺式土器の影響があったと考えられる。1は，阿高式系土器が主体を占める中九州の後期前葉前半において，移入品と考えられる中津式の精製土器である。2は1とほぼ同時期に位置づけられるが，上段中央の土器は中津式の口縁部に阿高系の凹点文が施された中津式優位の折衷土器で，北部九州ではこの時期に阿高式系の精製土器が製作されず，中津式が主体をなしていたことがこの折衷土器に反映されている。

構　成／澤下孝信

1. 中津式土器
（熊本県糀原遺跡）（熊本市立熊本博物館提供）

2. 中津式土器（福岡県天神山貝塚）（志摩町教育委員会提供）

季刊 考古学

特集

縄文社会と土器

特集●縄文社会と土器

土器と集団

國學院大學教授　**小林達雄**
（こばやし・たつお）

縄文時代は約75の土器様式の出現と消滅の歴史であるが，土器を通して文化，社会，経済を究明することが必要となってきている

　千差万別の縄文土器は，地域毎あるいは時期によって一定のまとまりを示す。この事実を真先立って指摘したのは山内清男であり，そのまとまりを型式（けいしき）とよんだ。こうして複雑な縄文土器も時間的単位に区分され，地域的関係の中に位置づけられたのである。この縄文土器の時間的空間的体系は，縄文文化，社会の解明に接近する正しく，かつ最も有効な出発点であり，現在までの研究の道程を約束してくれた。つまり後進は山内の大枠に沿って空白部分の発見に努めて型式を加え，一方では型式内容の詳細を極める方向を一途に進んできた。換言すれば，山内の示唆した型式の編年網を時間をかけて整備する作業を延々と続けてきたのである。その間，早期撚糸文系土器に先行する一段と古い土器群（草創期），東釧路貝塚下層や浦幌（うらほろ）式など北海道平底土器群，そして多摩ニュータウン No.52 遺跡の撚糸文系土器様式の中の縄文撚糸文型（JY型）などの相次ぐ新発見は，山内理論の中に組み込まれた予察通りではあったものの，彼自身をすら驚かせるほどであった。

　ところで，それまでの研究は縄文土器の形態分類に基づく型式について造形学上の次元に限定されている。たしかに山内も，縄文土器の型式の地方毎のまとまりは方言区などに対応する集団の地域性と深く関連するのではないかと考えてもいたが，これを理論的に説明する方法は用意しなかった。つまり，縄文土器と集団，文化，社会との問題は，山内の型式（けいしき）研究とは全く異なる次元に属するが故に，その延長線上に期待することはできないのであり，別の方法を必要とする理由を知るのである。そのためには，山内型式（けいしき）学を解きほぐし構築し直す止場の作業が不可欠である。

　縄文土器の個体はいずれも他の個体と明瞭に区別される個性をもっているが，その個体を特徴づけている外形や文様などの属性の組み合せに共通性が認められる。そうした共通性によってまとまる一群が型式（かたしき）＝typeである（山内の型式と字面は同じだが，概念を異にする。区別するため型式＝かたしき，とよぶ）。一型式を構成する各個体は，作者の作品としての個性であり，個体の数は作者，正確には一作者が複数個体を製作する場合を含むので製作回数に対応する。ところで，別々の作者や機会を別にする作品が物理的属性を共有するところに型式の重要な性質がある。つまり土器製作に当って，作者が頭の中に浮かべた設計図＝mental template に則って具体的に粘土で実現するわけであるが，結果的に同じ型式となるのは，設計図が同じであったからである。この同一型式の模範となった設計図すなわち範型＝model の存在を認めることによって，はじめて説明がつくのであり，範型理論の重要性がここにある。範型はその作者が保有する情報から織り出されるのであるから，別々の個人が同じ範型をイメージすることができたのは，情報が共有していた理屈となる。縄文社会における緊密な面接関係＝face-to-face relationship がその背景にある。

　かくして，縄文土器の型式（かたしき）は造形学上のまとまりを超えて，範型を共有する作者のまとまり，すなわち集団を意味することがわかる。つまり，型式は個人的作品の単なる類似性ではなく，同じ範

14

型を共有する集団の表現形態なのである。こうして分類作業を通して設定された型式がそれにかかわる集団を意味するという歴史性を備えるものであるという理論的根拠が得られる。

したがって，型式のひろがりは，その型式の元になった範型を共有する集団のひろがりを意味する。あるいは型式分布圏外に離れて存在する型式の個体については，原郷土からの移動やなんらかの集団の相互交流，相互影響などを背景に有することが考えられる。さらに具体的には，密接な連帯，連合から婚姻の問題への接近の緒を得る可能性さえ充分に期待されるのである。

通常，縄文土器の型式（かたしき）は単独で存在するのではなく，それぞれの地域の一時期においては，他の型式と相伴って，ある組合せを示す。組合せを構成する各型式は，形態上明瞭に区別されるのであるが，その一方で共通の雰囲気を漂わせる。文様施文の特色をはじめ焼き色の具合や手触りや土器の厚さ胎土の状態など言葉に表現し尽せない微妙なところがない混ぜになった一定の効果である。効果が一定するのは，製作における流儀のせいである。この流儀が結果として型式間を越えて各個体に共通する独特な雰囲気を醸成するのであり，雰囲気を共通するこのまとまりが様式＝styleである。したがって様式とは型式の組合せから成り立つものである。集団表象としての型式の組合せとしての様式のひろがりは，さらに集団の具体的な活動舞台（領域）のより確かな指標となる。

なお，山内の型式（けいしき）は，この様式の概念にほぼ相当するが，看過すべからざる違いがある。つまり，ある遺跡における一時期に所属する土器をすべて網羅して型式（けいしき）とするのであり，その場合しばしば異なる様式の個体を含むことがある。具体的な作業の上では，勿論厳密にそうした個体を区別しながらも，その区別の意味するところを生かす手段が用意されていないのである。この点は，弥生土器における小林行雄の様式概念と同じである。実際，たとえば縄文中期中葉の勝坂式土器様式の最終段階には加曽利E式土器様式の古段階が伴うのであるが，山内の型式（けいしき）も小林行雄の様式もこれに構うところがない。やはり，製作の流儀を異にする様式を正しく区別する概念が必要であり，それによってこそ一時期一地域あるいは一遺跡の実態が解明できるはずである。

様式のあり方は，様式圏内の流域などの局地毎あるいは一遺跡毎に違いがある。つまり様式がもつ型式（かたしき）の組合せはいろいろで，型式の数が異なり，比率が異なる。こうした様式構造は，常に一定の型式の組合せを遵守するというのではなく融通無碍で，各集団が自ら適当する組合せをてんでに実現し得る柔構造に特徴がある。局地的あるいは遺跡毎の具体的な様式のあり方を様相＝phaseと仮によんでおきたい。様相の分析，比較検討が集団の個性あるいは集団間の関係を解く鍵となるであろう。

本誌特集における「土器の動き・人の動き」は北海道から九州・沖縄にいたる各地の土器様式の様相について論じている。この視点を踏まえて，やがて縄文土器「様式と地域社会」へと叙述が進む。この道筋は依然として充分生かされていない憾みがあり，将来に期するところが大きい。

縄文土器の草創期から晩期にいたる各地の様式の動きを辿ってゆくと，様式の枠を越えて，器形（器種）に共通するものや過不足をみる。たとえば様式を異にしながらも，注口土器や香炉形土器や壺の系統を保有する場合があり，逆に隣の様式にある器形を欠いたりする。そうした器形が形式（かたもしき）＝formである。形式は機能用途にかかわり，特定の形式の有無はすなわちその形式を必要とするか，しないかという社会や文化により深く関係する。各地の土器様式が型式（かたしき）の組合せのみでなく，形式の有無を問題にすることによって，製作の流儀や集団の表現形態とは別の，社会や文化の次元へと接近する可能性がここにある。概して東日本は形式が豊富で，西日本に少ないという現象も，それが土器の地域性の異なり以上に，文化や社会の差異にまで深く根差した事実として認識されることになるのである。また，九州早期の押型文土器様式が他に先駆けて壺の形式を発達させた点に注目すれば，新形式をとり入れた集団の文化的先進性と解釈しうるのである。同様に，縄文前期の信州伊那谷に突如登場した無文土器様式もまた，壺や浅鉢形式を近隣地域のどの集団よりも卒先して発明・採用したという先進性をよく表わしている。この視点からすれば，相対的に後進性の集団をも区別したり，あるいは様式の出現・盛行・消滅などを土器の動きの現象にとどめず，集団の内部事情あるいは栄枯盛衰という歴史的な事件に高めることができるのである。

北アメリカ先住民のアリカラ族の土器文様の規

則性が崩れた背景に大家族性の崩壊があった例など，縄文土器様式の動向もまた集団の社会や文化と密接にかかわっていた場合があったとみなくてはならない。

　また，土器の量の問題も重要である。いつも土器の製作量あるいは使用量が同等であるわけではなく，地域や時期毎の様式によって，変化の差が甚しい。一概に古い段階の土器様式が少ないわけではなく，後期初頭の称名寺式土器様式や晩期の千網式土器様式などは少ない。東北地方の円筒土器様式や亀ヶ岡式土器は膨大な量を誇る筆頭である。人口問題から土器様式の存続期間あるいは土器の扱い方など複雑な文化的社会的経済的要素が絡んでいるのであり，それぞれ集団が関与した歴史的事件の一端をみる。

　縄文時代は約1万年も続いたが，それは約75の縄文土器様式の出現と消滅の歴史でもある。それぞれの土器様式は，その分布圏の広狭によって，広域型と局地型に，あるいは存続期間の長短によって長命型（菊花型）と短命型（桜花型）に区別される。これとても分類のための分類というのではなく，こうした区別が様式毎の特質をよく物語るとともに，その様式を維持する集団ともいろいろな意味で関係してくるのである。東北北部の円筒土器様式は前期から中期にまたがる超長命型であるが，この実績がやがて晩期の亀ヶ岡式土器様式の安定した長命型を生み出している。ここに一時期に限定されず，縄文時代全般を通じて顕著なる個性的特徴が示されていることを知るのである。今日に続く東北人気質の粘り強さはこの長命型土器様式の土壌に根差すかのようにも見えてくる。

　土器様式と人口との関係についても，興味深い民族例がある。人口密度が高いと型式変化がしばしば速くなる。また，型式の数は人口の少ない場合には概して少数にとどまる事例も知られている。人口の多少は遺跡数に正比例しないまでも，大勢を反映しているとみることができる。西日本の縄文土器様式の時期的な変化が緩やかである点は，かねてより低い人口密度にかかわるとみてきた。土器様式に広域型が東日本に比べて目立つのも同じ背景が関係しているのであろう。西アジアにおいて，土器様式の多様な変化が，変化に富む地勢と対応するのではないかという指摘もあるが，あるいはここにも人口密度の要素が絡んでいる可能性が高い。

　縄文土器の研究は，縄文時代の歴史を出来るだけ細分し，さまざまな事象の起承転結，相互の関連性などを明らかにするための物差しとして重要な意義をもつ。また縄文土器の造形学的な観点からの分析も詳細を尽しつつある。そして今，もう一つの課題に取り組む時機が到来した。縄文土器と文化，社会，経済の問題であり，集団のあり方に関する問題である。縄文土器は，粘土の採掘・入手・運搬→素地の調合→土器のかたちの成形→文様の施文→土器焼き，燃料の調達→使用・転用・再生利用→廃棄，にいたる過程にさまざまな要素が関与している。いわば縄文社会文化の複雑な要素が絡み合っているのである。そうした要素にかかわる情報を抽出する作業が縄文土器の研究であり，そのためには研究を具体的に推進する方法論が必要である。その基本が様式 style，形式 form，型式 type であり，情報抽出の入口となる。

　とくに，「型式と集団」はそうした基本を足場にして，新しい展望を拓くものであり，今後この方面のさらなる発展が期待される。これらの研究は，従来の一土器様式と集団との対応関係の概括的な把握から一歩奥に踏みこむものである。一土器様式圏内の型式のあり方を検討しながら小地域とそこに根拠する集団を浮き彫りにし（谷口論文），あるいは遺跡間のあり方を明らかにしようとする（今福，宮尾論文）。

　今福は，型式の属性を数え上げ，それを共有する集団をつきとめ，共有のしかたから，具体的な集団の関係に接近する。それぞれの遺跡を残した集団が社会的しくみを作り上げる単位として確認されることとなった。いかにも模式的であるにせよ，むしろ研究の見通しのためには必要欠くべからざる作業といわねばならない。さらに一集団が季節的か，あるいはある間隔をおいて移動する場合なども視野に入れてゆくとすれば，さらに複雑となる。

　宮尾もまた型式の属性を詳細に区別する点で，今福と共通する。二遺跡間に共有され，他と関係しない集団を手がかりにして進む。この場合，二者で共有しながらも，その系統が例外なく連続しない事実をつきとめたところが重要である。あるいは土器製作者の女性の婚入・婚出による交替劇があったのかもしれない。

　縄文土器から縄文人集団とその関係へのあり方が，ついに俎上にのせられるにいたった。

特集 ● 縄文社会と土器

型式と集団

土器型式と集団の関係，つまり範型論はどういったことがいえるだろうか。勝坂式土器と三十稲場式土器について考えてみよう

勝坂式土器とその社会組織／勝坂式土器の地域性／三十稲場式土器の型式構成

勝坂式土器とその社会組織

山梨県立考古博物館
今福利恵
(いまふく・りけい)

多様な文様構成で知られる勝坂式土器ではその均質的な土器文様のあり方から地域差の生じやすい集団構造のあり方へ変化していく状況がとらえられる

　土器を一個体ずつ観察し，その特徴を詳細に記述しながら分類することにより土器様式内でいくつかのまとまりがとらえられる。それは，複数の個体に共通している特徴を抽象化したもので，土器様式を構成する集合の要素として認識できる。この抽象化されたものは土器文様の構造として，それは斉一的な様相を示す原因となる。

　土器を一個体としてでなく構成される要素に分解したとき，土器の文様は配列の規則にしたがった上でその文様要素を配置していく。そしてこの規則を共有する広域的なある範囲の中の人間集団において土器様式としての斉一性が保証されるのである。この時，個性は，土器文様の配列を規定した構造の中で，配列される土器の文様要素の組み合せ方によって生じてくると考えることができる。

　そのため土器一個体としてではなく細分される多様な要素からなる構造として土器分析を追及していくことにより，集団関係においてその近隣の集団のみならずより広域的な関係を持つ社会構造の一端が明らかにされてくる。土器の研究は，詳細な分析から精密な編年体系を作り上げてきた。しかし，土器の精密な分析は集落領域論からの視点で積極的に取り入れられず，時期区分の目安にされているに過ぎない。土器の持つ情報は様々であり，多く社会的関係を持ち合わせている部分もある。個々の居住集団の持つ集団間関係をとらえていくため，土器の持つ情報を共時的空間的に分析していくことは重要な視点となってくる。

1　分析の方法

　土器個体の固有性を表現するものとするため，構成する文様要素を記号化し，一定の配列規則により記述していく。土器の文様は一定の規則により規制されながら多くの文様要素が配置されている。この規則により，個体ごとにそれぞれ個性をみせながらも，勝坂式土器は斉一的な様相を示す。文様要素は，文様帯を把握した上で，多くの土器個体の比較により抽出が可能となる[1]。そしてこの文様要素を分類し，記号化することから配列規則にそって記述することができる。こうして文様要素の組み合せによる土器文様をデータ化していく。

　データ化した土器群について同じ文様要素あるいはその組み合せを持つものを抽出していくことになる。ある土器個体間において，"似ている"

"いない"ではなく，ある部分で文様要素の種類とその組み合せが一致するかどうかを探しだすのである。それぞれの遺跡で関係が"ある"，"ない"の二値により出土した土器の潜在的な情報を引き出す作業が必要となる。このときできる限り少数の遺跡になるように多くの組み合せで試さなければならない。実際の分析においては3遺跡以下に共通する組み合せを抽出した。こうして文様要素の組み合せのうち2遺跡あるいは3遺跡になるまで絞り込んでいく。2遺跡となるものはその遺跡間で関係があるものとなる。3遺跡となる場合は3遺跡相互間ですべて関係があるものとみなした。

こうして抽出された組み合せは複数の遺跡にわたってみられ，この遺跡間においては関係があったものとみなしていく[2]。分析対象とした遺跡の分布図において，抽出された結果に基づいて個々の遺跡間に線を引いていくことにより遺跡関係図をつくることができる[3]。そして各遺跡をそれぞれ居住集団とみなし，その集団間の関係をとらえていくことが可能となる。

2 勝坂式土器について

勝坂式土器は多様な文様構成とその造形性から複雑で豪華な文様を持つものとして知られている[4]。そのなかで複雑なものほど多くの情報を持つと同時に，一方では単純なものの組合せにより構成されていると考えることができる。そこで複雑な情報を解体し社会性に関する部分を抽出することが重要な視点となってくる。

多様な型式を持つ勝坂式土器について，分析対象をある程度限定する。

時間的な細分においては第Ⅰ期から第Ⅳ期の四細分とする。第Ⅰ期は，施文手法として角押文が多用される時期である。この時期の土器群は従来，清水台式土器，五領ヶ台上層式土器，狢沢式土器などと呼ばれているものである。第Ⅱ期は，連続三角刺突文を特徴とし，一般に新道式土器，勝坂1式土器などと呼ばれている土器群に相当する。第Ⅲ期は，多数の型式が出現する時期である。およそ藤内式土器，勝坂2式土器と呼ばれている時期である。第Ⅳ期は，前時期の型式群に加えて多くの型式が出現する。井戸尻式土器，勝坂3式土器にほぼ相当するものである。

また，多くの型式のうち第Ⅰ期から第Ⅳ期まで連続してみられる型式群に限定する。文様構成からみる分類において文様構成を複雑に展開していく一群を対象とし，これらは各時期にわたって安定してみられ，勝坂式土器の主流をなす型式である[5]。

遺跡は主体的に勝坂式土器が分布する長野県，山梨県，埼玉県，東京都，神奈川県における遺跡を扱うことにする。対象となる遺跡数はのべ262遺跡，土器の個体数は867個体である。第Ⅰ期は，遺跡総数38遺跡，土器229個体，第Ⅱ期においては，遺跡総数55遺跡，土器179個体，第Ⅲ期の遺跡総数は67遺跡，土器は168個体，第Ⅳ期では，遺跡総数109遺跡，土器は291個体となる。

3 遺跡関係の復元

勝坂式土器においてその対象とする土器群を限定し，先の方法により少数遺跡間にデータを絞り込んだものから，遺跡分布図に線を引くことにより遺跡関係図が作成できる。実際の分布に従って線を引いた場合に非常に混雑するため，遺跡分布図はそれぞれの遺跡の相対的な位置関係に置き直すことにした。

全体において構成する居住集団のあり方，つまり関係がその相互作用としてどのような形となりえるか，この形を集団構造としてとらえていく必要がある。各時期において土器データの共通文様要素の抽出結果より図1，図2のように遺跡関係図を作成した。やや繁雑な関係が看取できるが，この中から多くの遺跡と関係を持つものに注目することによって全体の構造を明確にすることができる。多数との遺跡関係を持つ場合，この遺跡において多方向からの情報が得やすく，集積度が高いものと考えることができ，また地域的にも中心的な遺跡であるといえる。逆に関係の少ないものは周辺遺跡として扱い，情報が入りにくく，その蓄積も乏しいものと考えることができる。

中心遺跡のみを遺跡関係図から抽出し，とらえていくことによりそれぞれの遺跡関係が該期の集団構造を示すものとなってくる。これによって各時期において中心遺跡どうしの関係図を作成した（図4）。第Ⅰ期においては6遺跡以上と関係を持つものは全体で7遺跡みることができる。第Ⅱ期においても5遺跡以上の関係を持つ遺跡について考えたとき全体で7遺跡が抽出できる。第Ⅲ期では，全体で6遺跡以上と関係を持つもので10遺跡

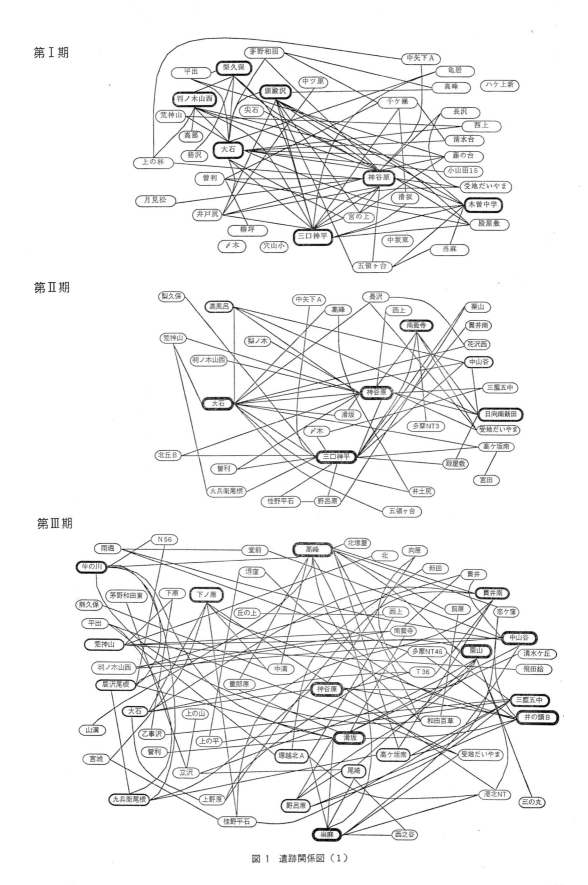

図 1 遺跡関係図（1）

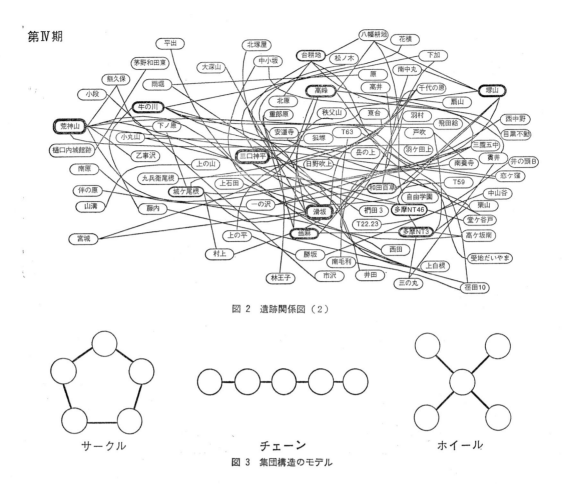

図2 遺跡関係図（2）

図3 集団構造のモデル

がみられる。第Ⅳ期について5遺跡以上の関係を持つものを抽出したとき，12遺跡が存在する。以上をもって各時期における中心遺跡として考えていく。

これをあるコミュニケーションのあり方として考えるとき，その関係において大きくサークル構造，チェーン構造，ホイール構造に分けて把握することができる（図3）。これは集団力学における構造の分析によるモデルで，どのような組織が多様な情報に対して効果的かを把握するのに有効である[6]。サークル構造は，相互で活動量が多い割に，情報の不均衡や誤りが発生しやすいものとされる。チェーン構造はサークル構造より集中度が高いものの，組織化も明確になされず，作業効率において遅く，しかも誤りが多いとされる。ホイール構造は明確なリーダーが出現し，単純な課題に対しては作業効率が最もよく，誤りは少ないものとされる。この視点によって各期の構造的特質を考えていく。

4 主要遺跡における集団構造（図4）

第Ⅰ期においてはほぼ完全連結に近い形で結び付いている。7遺跡が中心遺跡として抽出され，この中で5遺跡が4パターンにおいて完全連結の構造を持つ。この完全連結の構造とは，構成する集団間においてすべてが関係を持つもので，それぞれの集団相互において平等の関係である。また，機能的には目標達成や課題遂行より，集団間の不必要な緊張や感情の対立を解消し，情緒安定や友好的な相互依存性を増すもので，集団間相互の関係維持において優れているものとされている[7]。さらに7遺跡の分布をみたとき，長野，山梨，東京と広範囲にみられ，他遺跡における全体の分布域をほぼカバーするように中心遺跡が広がっている。広域的に親密な関係を作り上げ，とりわけ地域的な差異の少ない均質化した様相を示す原因となっている。

第Ⅱ期においては完全連結の構造が崩れている。第Ⅰ期とやや様相が変化しており，抽出され

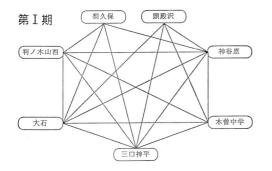
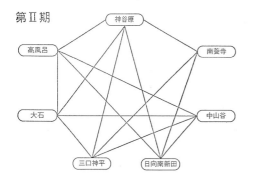
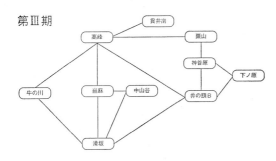
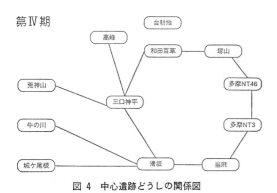

図 4　中心遺跡どうしの関係図

た7遺跡のうちで任意の5遺跡はおろか4遺跡についても完全連結のパターンがみられなくなる。情報の均質化が低下し、関係において不均衡が生じやすくなる。遺跡個々でみた場合はそれぞれがホイール構造を持つものととらえることができ、情報の伝達は比較的正確になされると考えられるが、また同時に他遺跡との関係ではサークルの構造も持ち合わせているためやや過ちの多い状況も生じうる可能性がある。分布においては第Ⅰ期と同様に、広域的にかつ均等に広がりをみせており、比較的地域的な差異の少ないものとなることが推定できる。

　第Ⅲ期には前段階の均質的な関係は大きく崩れ、サークル構造が複合的に形成されてくる。大きく二つのグループが形成され、それぞれにサブグループを持つ関係が看取できる。ひとつは長野の牛の川遺跡、埼玉の高峰遺跡、東京の井の頭B遺跡、滑坂遺跡、中山谷遺跡、そして神奈川の当麻遺跡というグループである。他方は、高峰遺跡、井の頭B遺跡を共有しながら、東京の栗山遺跡と神谷原遺跡の4遺跡でサークル構造を持つものである。この二つの大きなグループではそれぞれ高峰遺跡、井の頭B遺跡が介在することによってつながりを持ちえている。また高峰遺跡は東京の貫井南遺跡とも関係を持つホイール構造の中心に位置付けることができる。全体的にはホイール構造を持つ個々の遺跡は減少し、サークル構造が現われてくるため、第Ⅱ期に比べてかなり情報のやり取りは多くなるものの不均衡化が進んでくる状況が考えられる。分布をみた場合、西関東方面には明確なネットワークが形成されているものの中部方面では長野の牛の川遺跡と下ノ原遺跡のみでそれぞれ異なるグループに属し、なお西関東方面への依存が強いものとなっている。

　第Ⅳ期においては明確なサークル構造をみることができる。三口神平遺跡と滑坂遺跡ではこれに含まれない遺跡との関係を持ち、それぞれでホイール構造の中心に位置する遺跡ととらえることができる。サークル構造にホイール構造が連結した集団関係となるのである。このときコミュニケーション・ネットワークとしては情報の処理に緩急の差があり、多くの活動が行なわれるわりに混乱を引き起こすようなあり方を示しているといえる。サークル構造の中では長野方面の遺跡は含まれていない。このサークル構造の中では活発な情報の動きが想定できるが、長野の遺跡は、三口神平遺跡と滑坂遺跡に関係を持つ二つのグループがみられるものの、第Ⅲ期同様に分布域において西

関東方面への指向が強く，長野においては明確な組織化がなされていないと言える。

中心遺跡の関係を通時的にみると完全連鎖からサークル構造へと次第に情報の乱れていくコミュニケーション・ネットワークの方向へと変化していることがわかる。これは土器型式の展開のあり方がこのネットワークによって影響されているといえる部分がある。第Ⅰ期では広い範囲において集団の維持機能について優れているものであり，土器文様からみた場合，展開されていく勝坂式土器において同じ様相のあり方を示す。そして第Ⅱ期のサークル構造の絡み合った完全連結のやや崩れたネットワークは複雑な情報処理に優れ，この時期の土器の文様構成の複雑さをみせる原因となる。第Ⅲ期に入り，土器の文様や組成に地域的な差異が現われるようになるのは，サークル構造のネットワークにホイール構造が入り込むためで，情報処理に遅れをもたらしていると考えられる。第Ⅳ期にはさらにサークル構造が西関東において成立し，より一層の情報の遅れや混乱をきたしながら，土器型式や組成に大きな地域差を中部方面など各地で引き起こすことになる。このように土器において均質的な土器文様のあり方から地域差の生じやすい集団構造のあり方へ変化していく状況をとらえることができる。

5 居住集団の社会関係

近い地域との関係よりも地理的にも遠隔地との遺跡とより積極的に関係を持つ傾向がみられる。東京の野川地域に分布する栗山遺跡，貫井遺跡，貫井南遺跡，恋ヶ窪遺跡，花沢西遺跡，中山谷遺跡などこれらについて，各時期を通しても相互に関係を持たず，さらにそれぞれの関係する遺跡も異なる。長野県の八ヶ岳西麓に井戸尻遺跡群として知られる，曽利遺跡，井戸尻遺跡，狢沢遺跡，藤内遺跡，乙事沢遺跡，九兵衛尾根遺跡，立沢遺跡さらに同じ西麓の大石遺跡，判ノ木山西遺跡，頭殿沢遺跡などにおいても，各時期にこれらの遺跡どうしで関係を持たず，それぞれの遺跡関係も違ったものである。

これらは同時に関係を持たないことより，それぞれせまい地域に立地する遺跡は独立した関係と想定でき，同一集団の移動による居住の結果という可能性はきわめて低いと思われる。さらに同時に遠隔地との関係を指向している現象から，地理

的条件による地域性はとらえることが困難で，それはそれぞれの集団による他集団との関係の結果であり，個々のコネクションによる情報集積の結果が地域的にまとまってみえるという現象と考えることができる。

周辺遺跡は同時に複数の中心遺跡と関係を持つ。このとき周辺遺跡は中心遺跡に対して他遺跡との関係が少ないものをいう。中心遺跡が時間とともに衰退・消滅したとき，この遺跡に関係する周辺遺跡が全体のネットワークの中で孤立するのを防ぎ，他の中心遺跡との関係で集団関係は維持できるのものとなる。中心遺跡は一面でホイール構造の中心にあり，これに関係する集団の情報をすみやかに統合することができ，その処理においても効率的になされる。しかし，相互に連絡調整が必要となる複雑な課題に対しては，その機能に障害が生じ，その影響は関係する集団すべてに及ぶ事態となり得る。集中構造の脆弱性である。これに対処するようこの周辺遺跡が中心遺跡を含めて複数の遺跡と関係を持つことによって，ある中心遺跡が消滅したとしても他の中心遺跡との結び付きから混乱を避けられるという信頼性の高い柔軟な集団構造をつくっている。

註
1) 今福利恵「勝坂式土器成立期の集団関係」研究紀要，9，1993，山梨県埋蔵文化財センター，による。
2) 今福利恵「勝坂式土器成立期における社会構造」丘陵，14，1994においてその分析方法を示した。
3) 註 1）に同じ
4) 安孫子昭二「勝坂式土器様式」『縄文土器大観』2，1988，小学館
5) 今福利恵「勝坂式土器様式の個性と多様性」考古学雑誌，76—2，1990にしたがう。土器型式においては第Ⅰ期は第1類，第Ⅱ・Ⅲ期は第2類，第Ⅳ期は第2類のほか第11，12類を含むものとする。
6) カートライト著　三隅二不二訳『グループ・ダイナミクス』誠信書房，1959
　　カートライト著　千輪　浩監訳『社会的勢力』誠信書房，1962
7) 狩野素朗「集団効率と成員満足感におよぼす構造特性とリーダーシップ特性の交互作用」教育・社会心理学研究，9，1970
　　狩野素朗「集団の構造」『個と集団の社会心理学』ナカニシヤ，1985
　　大橋正夫「集団の構造と機能」『対人関係の社会心理学』福村出版，1984
この他多くの参考文献・報告書を省略した。

勝坂式土器の地域性――

――土器型式の広域型・漸移型・局地型――

國學院大學講師
谷口康浩
（たにぐち・やすひろ）

> 勝坂式土器の型式の分布パターンには広域型・漸移型・局地型の3
> 類型が区別され，性質の異なる地域性を具現していることがわかる

縄文土器や弥生土器に認められる地域性が，集団間の交流の実態や関係の粗密を反映していると考えるのは，妥当な見解である。また，土器様式・型式の分布圏を集団領域や通婚圏とみなす仮説も，土器研究の可能性を広げる点で魅力がある。このように土器の地域性の分析を通じて，背景にあった社会の問題を探ることができると考えるのは，一般的で有効な見方であろう。しかし，土器の地域性はさまざまな現われ方をする。形式・型式の組成比に現われる地域差や，文様の種類，施文手法のくせ，器面調整や胎土の特徴などに現われるさらに細かい地域性もある。認識される地域にも大小のレベルがあり，またそれは地図上に明確な境界線によって区分できる性質のものとは限らない[1]。ある遺跡ではセットを構成する複数の型式が，地図上にそれぞれまったく異なる分布圏を描く場合もある。したがって，土器の地域性や型式の分布圏がもつ意味を説明する前に，地域色として認識されるものの性質や型式分布の実態を調べ，考古学的事象としてそれらがどのような現われ方をするのかを把握しておかなければならない。本論では，縄文時代中期の勝坂式土器を取り上げ，多様な型式分布の実態から，このような土器の地域性の問題を考えてみたい。

1 勝坂式土器における型式分布の3類型

勝坂式土器様式には多数の型式がある[2]。筆者らは深鉢形の主要な型式に34系統の型式組列を認め，それらを第Ⅰ～第Ⅵ様式に編年区分した[3]。

ところで，勝坂式の各型式がそれぞれどのような分布状態を示しているかを調べてみると，同じ時期の型式の中にも，分布範囲がきわめて広域にわたるものや局地的な分布を示すものなどがあり，型式の分布そのものにいくつかのパターンのあることがわかる。識別されるのは，次の3類型である。

広域型：斉一性の強い型式が，様式分布圏のほぼ全域にわたり広域に分布するパターン。個体間の変異が有意な地域差とは認められないケース。

漸移型：全体的特徴は共通するが細部の要素に地域差の認められる類似の型式が，漸移的な分布の交錯・重複を見せながら，広域に分布するパターン。個体間の変異が比較的大きい。

局地型：斉一性の強い型式が，比較的狭い地域に局地的に集中して分布するパターン。個体間の変異は比較的小さい。

広域型の一例として図1―1の型式が挙げられる。藤内Ⅰ式の特徴とされた抽象文土器で，イルカにも似た抽象的な動物文様に特色がある。この型式は，長野県の松本盆地・伊那盆地から関東地方南西部まで，きわめて広範囲な分布を示している。長野県飯島町山溝遺跡・松本市内田雨堀遺跡などが分布の西限にあたり，東限を示す出土例には，埼玉県嵐山町行司免遺跡・東京都調布市はらやま遺跡・神奈川県伊勢原市比々多遺跡・静岡県長泉町西願寺遺跡などがある。

漸移型の好例は，山梨県と長野県諏訪・伊那地方に分布する図1―2a型式と，その関東型の2b型式である。この2型式は一見よく似ている。器形は同じであり，隆帯で表現された抽象文とその間のパネル文の特徴も共通する。両者の相異は無文の口縁部の直下を一周する隆帯の有無に現われている。2aではこの隆帯がなく，抽象文が独立している。この抽象文は頭や手足を表現した人体文の一種で，a＋b＋a＋b または a＋b＋a′＋b′ の順に規則的に配される。ところが，2bでは口縁部直下に横位の隆帯が付加されたために，抽象文の形状や配列に不規則が生じている。このケースは，2a型式がオリジナルで，2b型式はその模倣型と考えられる。

局地型の例には，松本盆地～八ヶ岳西南麓を中心に分布する2型式（3a・3b）と，武蔵野台地・

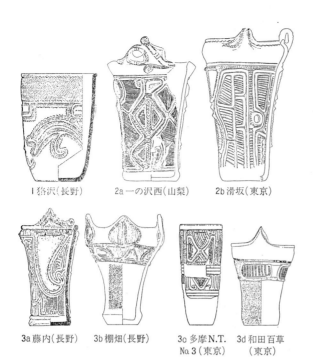

図 1　広域型・漸移型・局地型の型式（S=1/12）

2　勝坂式終末期の型式と地域性

同一時期における型式の分布状態と地域性を具体的に分析するために，勝坂式終末期の代表的な11型式（図2）を取り上げ，それらの分布図をもとに，上述した3類型の型式が実際にどのような地域性を具現しているかを考察してみたい。図3は，当該11型式を出土した長野・山梨・埼玉・東京・神奈川各都県の136遺跡の資料に基づいて作図した[4]。勝坂式終末期とは筆者らの編年の第Ⅵ様式を指すが，B1・E2型式は第Ⅴ様式を含み，D1・D2型式は曾利式・唐草文系に継承される新しい型式である。

【局地型】

A1型式：円筒形深鉢で，胴上部文様帯に三本指・蛇体・円文を特徴とする隆帯文を2単位表現する。文様帯下端に隆帯による区画をもたないもの。武蔵野台地に集中して分布する。多摩川以南と西多摩にはほとんど分布しない。荒川以北での分布も稀薄である。

A2型式：壺形の胴部に無文の口縁を2段重ねた器形に特色があり，頸部に一対のミミズク把手が付く。胴部の円文もこの型式の特徴である。武蔵野台地を中心に分布し，東京都青梅市

多摩丘陵を中心に分布する2型式（3c・3d）を挙げた。勝坂式にはこのような局地型の型式が多く，それらは様式分布圏の主要な範囲を3つ以上の小地域圏に分節する分布状態を示している。

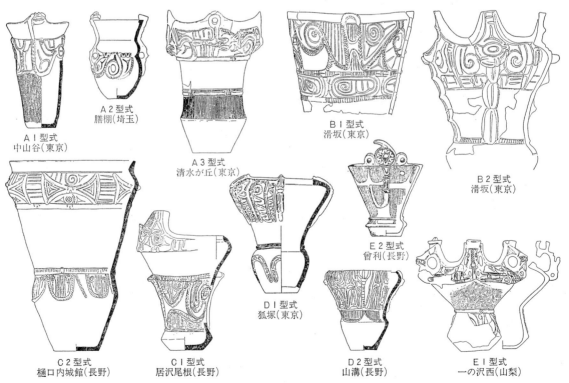

図 2　勝坂式終末期の局地型・漸移型・広域型型式（S=1/12）

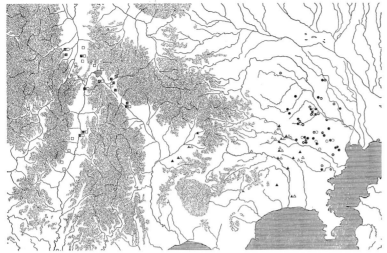
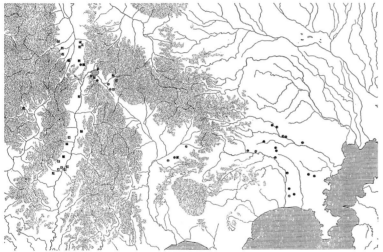
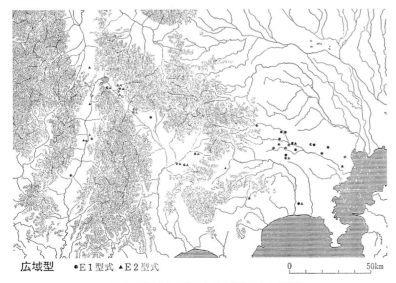

図 3 勝坂式終末期における型式分布の 3 類型

遺跡が西限にあたる。多摩川以南と荒川以北には分布しない。

A 3 型式：胴部がくびれた器形で，口縁部文様帯に三本指と円文を伴う単位文様を 4 回繰り返し表現する。扁平な隆帯に太い沈線を重ね描きする手法が特徴。A 1・A 2 型式と同じく武蔵野台地を中心に分布し，埼玉県嵐山町行司免遺跡・伊奈町北遺跡が北限を示す。

B 1 型式：円筒形深鉢で，大きな円文と左右に付随する曲線文で描かれる抽象文を 2 単位表現する。文様帯下部に一帯の楕円横帯文を配する点にも特徴がある。甲府盆地から多摩地域（西多摩・多摩丘陵），相模野台地にかけて分布する。

B 2 型式：内湾した口縁に 4 個の山形突起を付け，胴部がくびれた器形で，口縁部に描かれた大きな円文と胴部に垂下する連鎖状の隆帯文に特徴がある。甲府盆地から多摩地域・相模野台地にかけて分布する。

C 1 型式：膨らんだ無文の口縁に 1 個の把手が付く。鍔状の頸部隆帯と垂下する曲線隆帯文が本型式の特徴である。祖型の図 1 — 3 a と同じく，長野県の八ヶ岳西南麓・諏訪盆地・伊那盆地・松本盆地南部に分布する。

C 2 型式：平出第三類Aに起源をもついわゆる櫛形文土器の系統の末期型式。口縁は水平で直下に一帯の無文部があり，2 つの櫛形文または相同の弧文を上下に合わせた口縁部文様に特徴がある。八ヶ岳西南麓・諏訪盆地・伊那盆地・松本盆地南部に分布する。

【漸移型】

D 1 型式：口縁部文様帯に細隆帯で描かれた重弧文または流

25

水文と，その間に配された渦巻文・蛇行文に特徴がある。くびれた胴部は無地で，4単位の懸垂隆線文をもつ場合が多い。勝坂式終末期に出現し，曽利式に継承された。主として甲府盆地から多摩地域・相模野台地にかけて分布する。八ヶ岳西南麓や塩尻市周辺にも広がりを見せているが，この一帯では腰部に櫛形文を伴うことが一般的で，地域差が指摘される。

D2型式：D1型式に比べて文様帯が幅広く，細隆帯でU字状・重弧状の曲線文を描く。胴部の無文帯はD1型式に比べて幅狭く，省略されることもある。腰部に櫛形文を配するのが通例である。重弧文の間に平行する横線を充塡するのは新しいタイプで，唐草文系土器様式の最古期に連続する。この型式は，諏訪盆地・伊那盆地・松本盆地南部に分布している。

D1・D2型式は相互に関連性も強く，共通点も多い。細隆帯による重弧文・U字状文や胴部のくびれた器形，ジョッキ状の大形把手などは両型式の共通項である。しかし，重弧文の間の充塡文や胴部無文帯の幅，櫛形文の有無に地域差が顕われている。この2型式は八ヶ岳南麓付近を境に東西に二極化して分布するが，境界は漸移的で分布の重複が見られる。

【広域型】

E1型式：中空で円孔を開けた4個の大形把手に最も特徴がある。器形も独特である。口縁部に文様帯があり，胴部には普通縦方向の縄文か集合沈線文が施文され，懸垂隆帯文が配される。把手の細部や懸垂文の種類，くびれ部直下の文様帯の有無などに個体差があるが，有意な地域差は認められない。本型式は，長野県伊那盆地・松本盆地から東京都・神奈川県にかけて広く分布する。長野県駒ヶ根市高見原遺跡・東京都調布市北浦遺跡出土例が分布の広さを象徴している。ただし，1遺跡での出土個体数は山梨県一の沢西遺跡と釈迦堂遺跡で突出して多く，甲府盆地に分布の中心があるものと見られる。

E2型式：内側に屈折した口縁に大形把手が1個付く。地文の縦方向の縄文を円形・三叉状・連弧状に区画して磨り消した胴上部の磨消縄文に特徴がある。この型式も勝坂式の様式圏のほぼ全域に広く分布している。

11型式の分布状態と地域性に関して指摘された点を以下に要約する。

(1) 局地型7型式は，A）武蔵野台地，B）甲府盆地〜多摩・相模野台地域，C）八ヶ岳西南麓〜諏訪・伊那・松本盆地の3つの小地域圏に分かれて分布している。A1・A2・A3型式，B1・B2型式，C1・C2型式の分布圏は相互に排他的で重複しない。つまり，局地型が示す最小規模の地域性は，排他的で地図上に明確な境界線で区分できる性質のものである。

(2) 漸移型で型式学的に関連性の深いD1・D2型式は，八ヶ岳南麓付近を境に東西に二極化した分布を示しているが，諏訪盆地〜塩尻市周辺では2型式の分布が重複し，また2型式の要素の混合も見られる。漸移型が示す地域性は，分布図上も型式学的にも漸移的で，境界が不明瞭である。

(3) 広域型2型式は，勝坂式の様式圏のほぼ全域にわたる広汎な分布を示している。複雑な特徴を具えた型式にもかかわらず，規則性の強い瓜二つの土器群が地域を超越して分布する。ただし，1遺跡の土器全体に占める比率の多寡を考慮に入れると，E1型式が甲府盆地周辺で多いように，特定地域に分布の中心をもつことはありうる。

3　性質の異なる地域性

勝坂式に含まれる型式は，その分布状態の比較から広域型・漸移型・局地型を区別することができる。そこで，3類型の型式が具現している性質の異なる地域性の意味について推察してみたい。

（1）局地型が示す小地域圏

複数の局地型型式が同一の分布圏を示し，境界の明確な小地域圏を形成している場合，そこに共住する集団の間で土器製作者の移動・接触が頻繁に繰り返されたことが考えられる。集団間の日常的な交流の中で土器自体が移動した可能性も否定できないが，局地型に含められる型式が多く，それらが普遍的で均質な分布状態を示している点を考慮すると，小地域圏内の多数の製作者に型式の規則性を伝達し，共有させた社会のしくみを想定する必要がある。土器製作者の移動・接触を恒常的に可能としたのはおそらく婚姻関係であり，局地型が示す小地域圏を通婚圏の主要な範囲と理解することができる[5]。つまり，この小地域圏は，血縁関係によって結びついた諸集団が形づくる一つの地域社会を捉えたものではなかろうか。

（2） 漸移型が示す地域性

漸移型が示す地域性は，境界が不明瞭で分布の重複が認められる。こうした漸移的様相は，土器の型式学的特徴にも顕われている。このケースは，広範囲に土器型式の情報が流れているが，距離とともに変異が増し，型式の規則性に乱れが生じている状態と考えられる。その背景として，①地域間での製作者の移動・接触の機会が少ない，②土器の移動が少ない，③模倣による変形などの理由が考えられる。

（3） 広域型が示す超越的な分布

地域を超越した広域型の分布状態は，土器自体の広汎な移動を想定させる。もちろん各地域での製作も行なわれたと思われるが，漸移型に認められたような地域差が生じないのは，共通のモデルとなる土器が広く流通していたからだと考えられる。事例に挙げた2型式は，勝坂式終末期の諸型式の中でも最も装飾的で，優品の多い型式である。交換財の一つとして，これらが地域間を移動したこともありうる。E1型式は甲府盆地の遺跡で保有量が多く，この地域に主な製作地があったとも推定できる。このような土器自体の広汎な流通が，広域型の分布の原因として，少なくともその契機になっていたことが考えられる。

3類型の型式が示す地域性は性質が異なる。局地型が示す小地域圏は，緊密な関係で結びついた集団とそのひろがりを示すものであり，土器の分析を通じて認識される一種の地域社会である。集団や領域の特定に役立つのは，こうした局地型型式である[6]。しかし，漸移型や広域型の示す分布圏は，土器製作上の情報や土器自体の移動を伴ったものであり，これを特定の集団領域や通婚圏とみなすことには問題がある。

勝坂式に認められた型式分布の3類型は，他の様式にも一般的に内在すると予想されるが，その現われ方は様式によって異なる。たとえば，局地型の数の多い様式と広域型や漸移型の顕著な様式が区別される。土器研究と社会論との接点を広げるためには，さらに局地型・漸移型・広域型の組成の様相を様式ごとに比較する観点が必要であろう。こうして認識される様式の性格の差異は，定住性や人口，地域社会の大きさ，婚姻・居住規則，交易流通機構などの社会構造のちがいを反映していると考えられるからである。

註

1) 都出比呂志「弥生土器における地域色の性格」信濃，35—4，41-53頁，1983　佐藤広史「型式の空間分布から観た土器型式」『片倉信光氏追悼論文集』4-22頁，赤い本同人会，1985　深澤芳樹「弥生時代の近畿」『岩波講座日本考古学』5，157-186頁，岩波書店，1986

2) 形式・型式・様式の用語は，小林達雄『日本原始美術大系』1，166-168頁，講談社，1977の概念規定に拠る。

3) 安孫子昭二・谷口康浩「勝坂式土器様式・系統解説」『縄文土器大観』2，小学館，1988

4) 長野県荒海渡・伊久間原・生妻・居沢尾根・井戸尻・上木戸・垣外・花上寺・鐘鋳原・栗屋元・庚申原Ⅱ・荒神山・小段・里宮・下ノ原・下原・曽利・反目・高風呂・高見原・棚畑・茅野和田・同東・坪ノ内・藤内・尖石・殿村（下諏訪）・殿村（山形）・伴野原・梨久保・鳴尾天白・判ノ木山東・樋口内城館・平出・福与大原・洞・本城・増野新切・祖原・丸山南・御射山・南原・焼町・山影・山溝

　山梨県一の沢・同西・上の平・上野原・上野原小学校・甲ツ原・久保地・釈迦堂・重郎原

　埼玉県御伊勢原・木曽田表・北・行司免・小手指中学校・下加・膳棚・高峰・西ノ原・西原大塚・羽沢・坂東山・馬場小室山・東台・吹上・松ノ木・宮地・谷津・八幡耕地・和田

　東京都井草八幡・宇津木台D地区・海沢下野原・扇山・奥沢台・北浦・北小宮・狐塚・椚田第Ⅲ・同Ⅳ・栗山・広福寺台・国際基督教大学構内・下野谷・清水が丘・清水台・下馬一丁目・下高井戸塚山・蛇崩・精進バケ・多喜窪・多摩 N．T．No．46・千鳥久保・鶴川J地点・T-27-1・常盤台・十内入・長沢・中山谷・中村橋・滑坂・楢原・南養寺・西上・西の平・二宮森越・はらやま・東原・日野吹上・弁財天池・方南町峯・三鷹五中・宮田・向郷・目黒不動・山根坂上・代継・簸田寺南

　神奈川県大熊仲町・岡田・尾崎・梶山北・神隠丸山・上白根おもて・川尻・慶應藤沢キャンパス・嵯峨・下北原・新戸・杉久保・当麻・羽沢農専地区

5) 都出比呂志は，畿内弥生土器の小地域色を通婚圏の主要な範囲と解釈したが，局地型が示す小地域圏も同じ性質の地域性と考えられる（都出「古墳出現前夜の集団関係」考古学研究，20—4，20-47頁，1974）。しかし，こうした主張に対する反論もある（佐々木藤雄「縄文時代の通婚圏」信濃，33—9，45-74頁，1981）。

6) 可児通宏「縄文人の生活領域を探る」東京都埋蔵文化財センター研究論集Ⅹ，131-148頁，1991

＜謝辞＞　分布図作成の資料収集にあたり，東京都埋蔵文化財センターならびに可児通宏氏，仲田大人氏，中野拓大氏にご協力いただきました。記して謝意を表します。

三十稲場式土器の型式構成
―型式分布と集落―

國學院大學文学部助手
■ **宮尾 亨**
（みやお・とおる）

遺跡に仮託した集落は複数の集団によって断続的に形成され，同時
に集落間の関係もこれらの集団各個の結び付きによって規定される

土器から社会を考察するという作業は，あたか
も海辺の砂粒をかき集めて，城や堰を作っていく
ようなもので，明瞭な設計図をもとにしていなく
ても，頭に思い描いたイメージを具現化する作業
である。ところで様式 (style) や型式 (type) は，
確固とした存在というイメージをもちがちである
が，これらは分類の便宜上の単位として，例えば，
範型論に基づいて設定するものである。本論では
具体例として三十稲場式土器の型式構成を遺跡単
位に検討することで，型式分布と集落の関わりか
ら，その社会について言及してみたい。

1 様式と型式

斉一性の高い複数の土器をひとまとまりと考
え，複数の土器に観察できる要素を総合的に記述
することで様式 (style) は示される。それゆえに，
様式は個別の土器と対応する概念ではないが，そ
の個々の土器は，様式の記述に用いられたさまざ
まな要素を組み合せることで表現できる。このよ
うな様式の性格こそが型式設定を可能とするもの
である。つまり，型式(type) は，具体的な土器に
対応させるために設定する類型であり，様式を記
述したさまざまな要素を組み合せて，似通った土
器に収斂させる方策といえる。

ただし，現実には分類の基準，その記述に不向
きな要素もあるし，また，土器の全体像の中で，
さまざまな要素の組み合せによる相互作用から生
じる変化も予想しなければならない。そこで分類
基準として記述が可能で，かつ相互作用が想定で
き，その識別が可能と考えられる要素を摘出して
型式設定にあたることになる。

三十稲場式土器の全体形状，細部形状，文様の
三項目それぞれについて要素を抽出し，その組み
合せによって似通った土器に分類できるような類
型として型式を設定する。これらの各型式相互の
関係は，組み合せた要素の何が差を生じさせるの
かを判断し，また編年研究の成果[1]に準拠した段

階（共時性）と系統（通時性）とを把握する。

このような手続きによって設定したのが，Ⅰ期
5型式，Ⅱ期5型式の2段階の変遷を示す型式
で，系統の連続は，それぞれ深鉢の type 1→5，
type 2→6 あるいは 8，type 3 または 4→7，蓋
type 21→22（図1）にある[2]。

2 型式と集団

土器と製作者とは1対1の関係にあり，その仕
上りには変異が予想される。しかし，それにもか
かわらず型式が指示するような似通った土器が残
されるのは，範型[3]を共有する人間が製作し，そ
の範型を生み出す情報や価値感を保有する集団内
でその土器が通有し，使用されたからである。

型式によって構成される様式には，一定の地理
的な分布範囲[4]があるが，それはとりもなおさず
複数の型式の広がりを示すものであり，ひいては
それらの型式を生み出すような情報，それを許容
する価値観を共有する集団が存在していたことを
想定できよう。

ところで，土器をはじめとする遺物や遺構が具
体的に確認できる遺跡は，特定の場所を占有して
日常的に面接関係をとり結ぶ[5]集団が，生活の痕
跡を残した居住地（集落）と考えられる。

土器型式の範型をはじめとした共通の情報や価
値観を育むためには，直接的な対面と交渉が不可
欠である。つまり，地理的な分布を示す複数の遺
跡それぞれは，範型を生み出す場所として最も情
報の伝達がスムーズにとりおこなわれ，共通の価
値観が醸成された場所であったとみなせる。

1つの遺跡を土器の範型を共有する1つの集団
が占有していたと考えた場合，同一様式内であれ
ばどの遺跡でも段階ごとの型式は，同じ構成にな
ることが予想される。さらに同地点を占有する集
団が，継続的に存在するならば，系統の連続をた
どれる型式が必ず存在するはずである。

そこで三十稲場式土器を構成する型式を，任意

に選定した遺跡で確認し、各型式の有無を表示したのが表1・図2である[2]。その結果、同じ様式の広がりにあっても、遺跡単位で検討すれば、型式が欠落するほうがむしろ一般的であり、それは段階ごとにみた場合も、系統としてみた場合も前述の予測が当てはまらないことを意味する。

3 各遺跡の型式構成と型式分布

具体的に各遺跡の型式構成を段階ごとにみると、100％の型式を揃える遺跡は、Ⅰ期で2遺跡、Ⅱ期で4遺跡に過ぎず、大部分の遺跡では不規則に1〜2型式が欠落し、型式構成からみて遺跡の立地に地域的な偏りはみられない。ただし、様式の分布範囲を考慮すれば、その周辺ほど欠落が多い傾向はある。

しかし、海を挟みながらも佐渡島の遺跡では、ほぼ同様の構成を整えている。また、会津はⅠ期には1型式も確認できない遺跡がありながら、Ⅱ期になると100％の型式構成率を示す遺跡が出現する。このような傾向も遺跡単位でみた場合は、不特定の型式が欠落する遺跡が存在し、各地点の特色としては指摘できても、必ずしも地域性には換言できない。

Ⅰ期からⅡ期への段階変遷のなかで、系統の連続（表1）が構成する型式において100％確認できる遺跡もまた存在しない。すべての遺跡で系統の途絶える型式が存在し、大多数の遺跡は2〜3系統の連続のみである。なお、各段階で型式の構成率がそれほど変化しない遺跡の場合、消滅した型式に替わって新規に別の型式が加わっている。

ここで注意が必要なのは、型式構成における地域的な傾向と同じく、様式の分布範囲の周辺では系統の連続が認められないか少ない点である。型式構成における傾向とともに、様式を形成した中心的な集団の在処と移動に絡み、様式圏の伸縮に関わる現象なのかもしれない。

視点を転じて、各型式ごとに確認できる遺跡を調べてみると、地理的条件に関わる分布型[2]とでも呼べる傾向が認められ、全域型の type 1, 3, 4, 21（Ⅰ期）、type 5, 7, 22（Ⅱ期）と、山域型の type 2（Ⅰ期）、type 6・8（Ⅱ期）がある。

しかし、型式の分布型が同じであっても、確認できる遺跡が完全に一致することもなければ、分布型として把握できる以上に細かな範囲における際だった偏りもない。

これらの傾向は、さらに詳細な分類を行なえば行なうほど強く示されることになると思われる。実際、詳細な分類を行なっていけば、着目する属性にもよるが、各遺跡における型式のバラエティーは増え、それぞれの遺跡で独自の様相をより見い出せる。それはあるいは範型論を越えて、型式の質的差異や各型式の形式、使用目的や方法に関

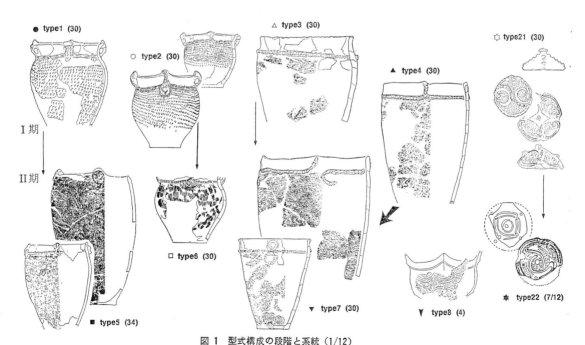

図1 型式構成の段階と系統（1/12）
type 名に付したシンボルマークは図2に対応し、（ ）内の番号は表1の遺跡番号によって土器の出土遺跡を示す。

表 1 各遺跡の型式構成と系統の連続（表示型式 ある：1 / ない：0）
（各型式の段階と系統の連続は，図1を参照）

I期		type1	type2	type3	type4	type21	型式構成		II期		type5	type6	type7	type8	type22	型式構成		系統の連続		消滅	新規
1	川原遺跡	1	1	1	0	1	4	80%	1	川原遺跡	0	1	0	1	1	3	60%	2	50%	2	1
2	北平B遺跡	1	1	1	0	1	4	80%	2	北平B遺跡	0	1	0	0	1	2	40%	2	50%	2	0
3	ツベタ遺跡	1	0	1	1	1	4	80%	3	ツベタ遺跡	0	1	0	0	1	2	40%	1	25%	2	1
4	馬下稲場遺跡	0	1	1	1	1	4	80%	4	馬下稲場遺跡	1	1	0	1	1	4	80%	2	50%	1	1
5	上ン原遺跡	1	0	0	0	1	2	40%	5	上ン原遺跡	0	1	0	0	1	2	40%	1	25%	1	1
6	矢郷橋遺跡	1	1	1	1	1	5	100%	6	矢郷橋遺跡	1	1	0	1	1	4	80%	3	75%	1	0
7	剣野D遺跡	1	1	1	0	1	4	80%	7	剣野D遺跡	1	1	1	1	1	4	80%	3	75%	1	0
8	久保田遺跡	1	0	1	0	1	3	60%	8	久保田遺跡	0	0	0	0	0	0	0%	2	50%	3	0
9	野崎遺跡	1	0	1	0	1	3	60%	9	野崎遺跡	1	1	0	0	1	3	60%	1	25%	1	1
10	三宮貝塚	1	0	1	1	1	4	80%	10	三宮貝塚	1	0	0	0	1	2	40%	2	50%	1	0
11	平遺跡	0	1	1	0	1	3	60%	11	平遺跡	0	1	0	1	1	3	60%	3	75%	1	0
12	吉野屋遺跡	1	0	1	1	1	4	80%	12	吉野屋遺跡	1	1	1	1	1	5	100%	2	50%	0	1
13	印内原遺跡	1	0	1	0	1	3	60%	13	印内原遺跡	1	1	0	1	1	4	80%	2	50%	1	1
14	芹沢遺跡	1	0	1	0	1	3	60%	14	芹沢遺跡	0	1	0	0	1	2	40%	2	50%	1	0
15	羽黒遺跡	1	0	1	0	1	3	60%	15	羽黒遺跡	0	1	0	1	1	3	60%	2	50%	1	1
16	耳取遺跡	1	0	1	0	1	3	60%	16	耳取遺跡	0	1	1	1	1	4	80%	2	50%	0	1
17	根立遺跡	1	1	0	0	1	3	60%	17	根立遺跡	0	1	0	0	1	2	40%	2	50%	1	0
18	三十稲場遺跡	1	0	0	0	1	2	40%	18	三十稲場遺跡	0	0	0	0	1	1	20%	1	25%	1	0
19	岩野原遺跡	1	0	1	1	1	4	80%	19	岩野原遺跡	1	0	1	0	1	3	60%	3	75%	1	0
20	顕聖寺遺跡	1	0	1	0	0	2	40%	20	顕聖寺遺跡	0	0	0	1	0	1	20%	1	25%	1	0
21	松ヶ峰遺跡	1	0	1	0	0	2	40%	21	松ヶ峰遺跡	1	0	0	0	0	1	20%	1	25%	1	0
22	塔ヶ崎遺跡	1	0	0	0	0	1	20%	22	塔ヶ崎遺跡	0	0	0	0	0	0	0%	0	0%	1	0
23	兼俣遺跡	1	0	0	0	0	1	20%	23	兼俣遺跡	0	0	0	0	0	0	0%	0	0%	1	0
24	長者屋敷遺跡	0	0	1	0	1	2	40%	24	長者屋敷遺跡	1	1	1	1	1	5	100%	1	25%	0	4
25	博毛遺跡	1	1	0	1	1	4	80%	25	博毛遺跡	0	1	1	0	1	3	60%	2	50%	1	0
26	上林遺跡	0	0	0	0	0	0	0%	26	上林遺跡	1	1	1	1	1	5	100%	0	0%	0	4
27	十五壇遺跡	0	1	0	0	1	2	40%	27	十五壇遺跡	0	1	1	1	1	4	80%	2	50%	0	1
28	中際遺跡	0	0	0	0	0	0	0%	28	中際遺跡	0	1	0	0	1	2	40%	0	0%	0	2
29	道上遺跡	1	1	0	0	1	3	60%	29	道上遺跡	1	1	1	1	1	5	100%	3	75%	0	1
30	城之腰遺跡	1	1	1	1	1	5	100%	30	城之腰遺跡	0	1	1	0	0	2	40%	2	50%	0	0
31	長峰遺跡	1	0	1	0	1	3	60%	31	長峰遺跡	0	0	1	0	1	2	40%	2	50%	0	0
32	上並松遺跡	1	0	1	0	1	3	60%	32	上並松遺跡	0	0	1	0	1	2	40%	2	50%	1	0
33	浜田遺跡	1	0	1	1	1	4	80%	33	浜田遺跡	1	0	1	0	1	3	60%	3	75%	0	0
34	石生前遺跡	1	1	1	0	1	4	80%	34	石生前遺跡	1	1	1	0	1	4	80%	3	75%	0	1
35	大畑貝塚	0	0	1	1	1	3	60%	35	大畑貝塚	1	1	0	0	0	2	40%	0	0%	3	2
36	綱取貝塚	0	0	0	1	0	1	20%	36	綱取貝塚	0	0	0	0	0	0	0%	0	0%	1	0
確認遺跡数		27	12	23	12	23			確認遺跡数		14	21	14	14	25						

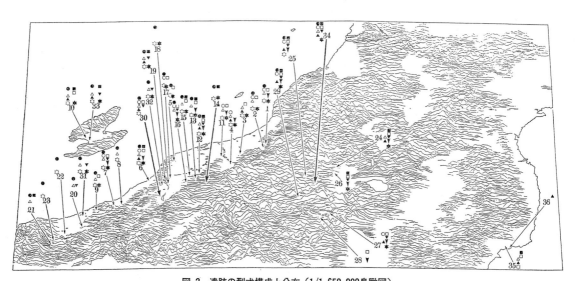

図 2 遺跡の型式構成と分布（1/1,650,000鳥瞰図）
数字は表1の遺跡番号に対応する。遺跡番号上方のシンボルマーク群は，各遺跡で確認できる型式構成を示す。
各シンボルマークが示す型式の凡例は，図1を参照。

わる問題を示していくと考えられよう。

なお，本論では任意に抽出した遺跡それぞれの型式構成は「ある」「ない」という二値的基準によっており，各型式の物量的多寡には触れていない。各型式の個体数の量比は，それぞれの遺跡における型式相互の関係や性格を示す可能性が高い。しかし，各遺跡における調査面積の格差や調査範囲に関わる出土状況の問題があり，複数の遺跡で統合的に傾向を得るのは困難であろう。また，破片資料が多数を占めた場合，出土状況の解釈とも関わって個体数認定は，なんらかの手法の開発が不可欠であり，今後の課題といえる。

4　遺跡中の集団と遺跡間の集団

各遺跡単位にみた型式構成から判断して，各遺跡に仮託する集落それぞれは，複数の集団によって形成された可能性を指摘できる。また，それらの集団は固定されたものではなく，集落を構成するすべての集団が継続的に存在するものではなかったと考えられる。つまり，複数の集団の一部，あるいは全部の離合集散が想定でき，恒常的な縄文集落のイメージからは，かけ離れるかもしれない。

しかし，縄文集落に想定されている双分制組織の存在[6]を考慮すると，複数の集団による集落形成に関しては，矛盾しない結果といえる。双分制のような集団を組織化する原理が恒常的なものであるかどうかは別にして，集団の組み合わせの観点からみれば，少なくとも三十稲場式土器で検討した限り，型式構成と各型式の系統変化によって編成される「段階」を越えて継続的に維持されることはない。要するに複数の集団は恒常的に組織化されてはいないのである。

遺跡間の関係によって代弁できる集落をまたがる集団の結び付きは，各型式ごとに確認できる遺跡を地図に表示したそれぞれの型式分布に加えて，各遺跡の型式構成を型式1対1の二者関係に分解することで型式分布の相互関係を遺跡を結節点とする具体的なものに勘案することで，検討できる[2]。結果として地理的条件の差異を結ぶ関係，山間部と海浜部を結ぶ関係が重要であることが指摘できる。そのためにこのような集落間の交渉が交錯する中間地域，信濃川中流域の遺跡では型式構成数が多くなる傾向が認められる。

しかし，このような集落間の関係にみられる遺跡の立地する地理的条件の差異によって結ばれた関係にしても，各遺跡の型式構成に立ち戻って考えてみると，集落を内包する地域と地域の繋がりではないことは明らかである。また，各型式の分布が一致しないことを考慮すると，複数の集団によって構成されると目される集落総体の相互に交わされた関係ではないことも理解できよう。要するに各集落の関係は，それを構成する複数の集団個々の集落間にまたがる結び付きによって規定されていたことが推測されるのである。

5　集団のネットワーク

共通の型式を保持する集落を形成した複数の集団個々は，それぞれに範型を共有し，さまざまな情報を流通させ，価値観を同じくする存在であることを想定したが，このような集団では，理論的には遺跡の遠近に関わらず，相互に認識されていた可能性がある。より積極的に評価すれば，これらの各集落を形成した複数の集団各個の間には，面接交渉が可能とするなんらかのネットワークの存在を推定できる。

このような考え方に基づいて，共通する型式によって結べる遺跡をネットワークのランク1と考える。一方，直接には共通の型式をもたない遺跡でも，別の型式によってランク1の関係にある遺跡を介在させて関係づけることができる。このような手段によって結べる遺跡間の関係をランク2とする。同様にランク2の遺跡を経由して結び付けられる遺跡があるとすれば，ランク3となるが，三十稲場式土器の場合，共時的単位とした各段階の全型式を確認できる遺跡があるので，ランク2以上の関係は理論上存在しないことになる。

畢竟，ランク1のネットワークのひろがりのなかにある集落は，遺跡単位に確認した型式構成から明らかになる各型式それぞれの分布によって表わせる。ある型式によって規定したランク1のネットワークにある集落では，それぞれの遺跡で確認できるその他の型式すべての範型が，理論的には通有するはずである。しかし，実際にはランク1の遺跡にあっても，それぞれに型式構成が異なることから，範型の欠落する事情が推察できるのである。一方，ある型式によって規定されたランク1の集落から洩れた集落でも，他の型式いずれかで，ランク1のネットワークが構成できる。このような特定の型式によって規定したランク1のネットワーク間相互は，各遺跡の型式構成を，そ

31

れぞれ型式1対1の二者関係に分解した結果によって関係づけられる。すなわち，それぞれにランク1のネットワークを規定する二型式を確認できる遺跡を結節点として，双方にもう一方の型式のみを確認できる遺跡をランク2のネットワークの集落とみなせるのである。型式の二者関係を確認できる遺跡は，いわばネットワークを構成するうえでの拠点集落となる。

　遺跡間の関係として先に触れたように，各型式の分布によって規定したランク1のネットワークは，地理的差異を結ぶ関係が作用しているようである。一方，ランク2のネットワークは，それとは無関係のひろがりを示すことになり，型式の組み合わせによって，それぞれ独自のひろがりを示すことになる。ランク2の関係を生み出す型式の二者関係が捉えられる遺跡も，型式の組み合わせによってそれぞれ異なり，様式を貫通する傾向は認められない。ただし，ランク1のネットワークが示す山間部と海浜部を結ぶ関係にあって中間地域である信濃川中流域の各遺跡では，型式構成数が多くなる傾向があり，型式の共時性を仮設した各段階の全構成を揃える遺跡も存在するため，ランク2のネットワークを生み出す結節点となる場合がやや多く認められることになる。

　ネットワークとして集落間の関係を考えた場合には，その強度もまた重要な要素になると思われる。強度の観点から，複数の共通する型式を確認できる遺跡を抽出すると，ごく限られたものとなる。しかし，それは各型式の分布や型式の二者関係の一部が示す傾向とは相違して，地理的条件と関連する地域的な偏りはみられない。

　実際の集落間における集団の関係では，集落間の距離が影響することも考慮する必要があり，あるいはランク1の集落であっても，一定の強度によって結ばれた集落を拠点として介在させることによって，ランク2のネットワークを形成して，その結び付きによって関係が広がる可能性を想定できよう。このような一定の強度によって結び付く集落もまた，拠点的集落として機能するのかもしれない。しかし，この場合のネットワークは，広範囲の型式の分布から推測できる地理的条件の差異と関連する集落間のネットワークとは，質的に違う結び付きとなろう。

　ただし，このようにネットワークの形成とその強度の観点からみた拠点的集落のいずれにおいても，各型式の系統の連続を100％維持することはない。同様にその他の各集落にみられる型式構成は，段階を越えて保持されることはなく，各段階で型式構成は変化している。そのため，段階を越えてそれぞれのネットワークを構成する集落が一致することはない。それはネットワークの拠点的集落も含めた各集落を形成する複数の集団すべて

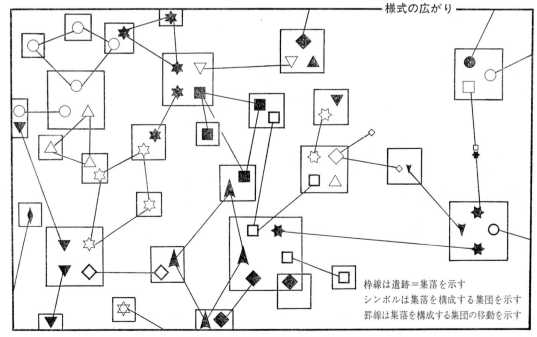

図3　集落を構成する集団の離合集散モデル

が，型式構成の各段階をまたがって居住している
わけではなく，継続的に居住する集団と集落を離
れる集団が存在し，集団の組み合わせに変化があ
ることに関連した現象と思われ，縄文社会の性格
の一端を示していると解したい。

　設定した段階以下の時間幅で，集落からの集団
の離合集散や集落内における集団の組み合わせな
どの関係の変化は明らかにできないうえ，段階そ
れ自体の時間幅が不明な以上，年間の季節性など
の周期の問題には言及できないが，資源利用の観
点[7]からみても集落を形成する集団の離合集散
は，積極的な評価をしてよいだろう。この離合集
散する集落を構成する集団を住居を基本にする単
位に仮託して，住居の安定性についての分類シス
テムにおける定住型の移動パターン[8]に準拠して
配置し，複数の集団による遺跡（集落）の形成と
各集団の離合集散を模式化したのが図3である。

6　まとめにかえて

　例えば城之腰遺跡は，パーマネントサイトとし
ての性格と同時に集落の移動が考察されている[9]。
これを型式構成からみると，遺跡単体では設定し
た段階それぞれで，Ⅰ期には5型式100％の構成
を示すが，Ⅱ期には2型式40％の構成となり，2
系統50％の系統の連続はあるが，同一集団のみが
継続的に形成したとは思われない。Ⅰ期は，す
べての遺跡に対してランク1の関係を示し，拠点
的集落の認定を肯首できるが，一方で各型式ごと
にネットワークを形成する遺跡は相違する。ネッ
トワークの強度を加味して考えると，Ⅰ期の5型
式100％の構成は，矢郷橋遺跡と共通するが，両
遺跡も系統の連続を100％確認できず，Ⅱ期には
一部の遺跡が重複するものの，それぞれ別のネッ
トワークを形成することになる。そしてまた，4
型式，3型式の構成と強度が下がるにつれて，ネ
ットワークを形成する遺跡数は増加するが，徐々
に遠方の遺跡が加わっていくわけではなく，その
他の各遺跡の型式構成と型式それぞれの分布に規
定されているのである。

　以上のように複数の集団によって断続的に集落
は形成され，これらの集団の集落間にまたがる結
び付きによってネットワークが規定されながら，
集落は成り立っていくと考えられる。

　最後に土器型式と集落の関係にあって今回触れ
なかった点を述べておきたい。集落を構成する集

団の変動には，婚出入，死亡や離脱など個人に還
元できる側面があろうが，範型が集団を表象する
という仮説にしたがって除外してある。交通，あ
るいは物の流通の問題は，集落が複数の集団によ
って形成され，それらの集団が離合集散し，集落
間の関係が変動していると考えた場合，むしろこ
のような集団の結び付きによって規定されると考
えている。しかし，土器自体が流通物であった場
合[10]，型式の分布それ自体が流通の問題である可
能性は否定できない。石器石材などのさまざまな
物流の観点からの検討を要する。そして，各遺跡
のセツルメントや規模[11]，居住型式[12]などの分析
は，検証の意味からも重要になる。

註

1）　田中耕作「所謂『三十稲場式土器』の成立につい
　　て」信濃，37―44，1985
　　田中耕作「三十稲場式土器様式」『縄文土器大観
　　4　後・晩期』小学館，1990
2）　宮尾　亨「遺跡の凝集性と遺跡間の関係―三十稲
　　場式土器様式の分析―」國學院大學考古学資料館紀
　　要，第9輯，1993
　　南三十稲場式土器12型式を除外したが，type 名は
　　本論との統一性を重視し流用したため，蓋形土器の
　　type 名が飛び番号になっている。各型式の具体的な
　　内容は註2）論文を参照してほしい。また，型式構
　　成を確認した遺跡は，本文では石生前遺跡，大畑貝
　　塚，綱取貝塚を追加して36遺跡になっている。
3）　小林達雄「縄文土器の様式と型式・形式」『縄文土
　　器大観4　後・晩期』小学館，1990
4）　小林達雄「縄文時代領域論」『坂本太郎博士頌寿記
　　念日本史学論集（上）』吉川弘文館，1984
5）　小林達雄「原始集落」『岩波講座日本考古学4
　　集落と祭祀』岩波書店，1986
6）　大林太良「縄文時代の社会組織」季刊人類学，2―
　　2，1971
7）　小池裕子「宮崎博論文『土地と縄文』に関する先
　　史生態学からの一コメント」貝塚，39，1987
　　林　謙作「縄文人の資源管理」月刊文化財発掘出
　　土情報，118，ジャパン通信社，1992
8）　渡辺　仁『縄文式階層化社会』六興出版，1990
　　住居の安定性（定住性）であって，集落のそれで
　　はない。そして，どのような集団であれ，住居を基盤
　　にすると仮定して集団の単位をこれに準拠させる。
9）　藤巻正信「城之腰集落の変遷と構造」『新潟県埋蔵
　　文化財調査報告書29』城之腰遺跡，1991
10）　Yasushi Kojo "Inter-Site Pottery Movements
　　in the Jomon Period" 人類学雑誌，27―54，1981
11）　羽生淳子「集落の大きさと居住形態」季刊考古学，
　　44，雄山閣出版，1993
12）　武藤康弘「竪穴住居の面積」季刊考古学，44，雄
　　山閣出版，1993

特集 ● 縄文社会と土器

様式と地域社会

土器様式と地域社会，つまり様式論からはどんなことがいえるだろうか。地域圏，亀ケ岡式土器，そして隣接圏の問題をさぐる

土器様式と縄文時代の地域圏／亀ケ岡式土器様式の地域性／様式分布圏の境界

土器様式と縄文時代の地域圏 ── 山村貴輝
武蔵考古学研究所
（やまむら・あつてる）

土器様式とそれに基づく地域圏の設定は，縄文社会の動態研究の基本課題である。その運動構造を分析し社会の実相へ接近を図ることができる

1 土器様式論研究の現在

　縄文土器の研究は，編年研究を中心になされてきた。その実践的研究を戦前戦後を通じて編年大綱を作成した，山内清男の問題意識と研究成果は高く評価される[1]。それは土器の型式学研究であり，具体的に文様帯系統論として方法論的に整備収束されてきた。

　しかしいま，縄文土器の型式学研究の地平を総括すると，意識的に山内の成果を踏まえて発展継承する立場と，山内を意識しつつ独自に研究を展開する立場とに分れる。また山内以外にも先学による研究は，杉原型式学[2]・小林行雄様式論[3]など多く展開されてきた。例えば小林行雄は土器の出土状態を基に，土器文様の変化の解析を行ない整合的な時間差を設定し，それを根拠として様式論を展開した。したがって出土状態を基にしている以上セット論が誕生する要素を内蔵する。

　このような経緯を踏まえて小林達雄は独自に土器様式論を提唱してきた[4]。ここで小林の問題提起に触れる前に，この型式学研究についてまず見ておきたい。型式学研究は土器の編年細別の究極化への指向性と，地域間における安定した相関関係の設定という問題がまず存在する。また細別過程においては，標識土器の認定とその抽出という課題がある。

　この型式学研究はここに述べた課題を踏まえて，継続的になされる性格を有するものである。しかしながら結論を待たず（またそう安易には出ないものであるが），ある段階での土器編年をベースに社会や文化などについての解明が試みられねばならない。かかる課題を踏まえて小林は戦略的意味を持った土器様式論を提唱した。つまり実際の土器型式に立脚しつつ，時空ともに一定幅を設定し，固有の土器様式を認識させることである。それは型式間に範型を設けそれをモデル（様式概念の確立）として，より幅をもたせた様式大綱が策定できる。

　これは型式自体がある単位（その認識内容は多様であるが，この場合作り手ないしその現象として層位一括・遺構出土を基本とする）の集合で構成される。その基本構造は時空（なお「空」の場合生活圏と集団圏の二方向平面座標を設定する）による三次元の立体構造となる。これが型式→様式へと土器論の止揚過程において貫徹している。以上を模式化するとボックス構造の連続形となる（図1）。

34

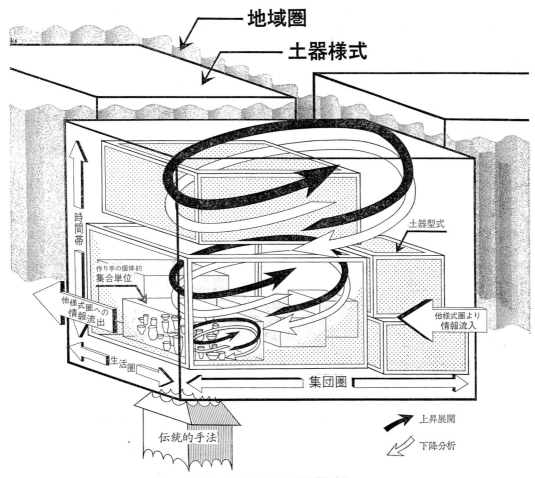

図1 土器様式の設定と地域圏概念図

2 地域圏論研究の現在

縄文社会論研究の中で領域論は独自の位置を占めていた。それは単位集団の行動範囲や交流交易圏、あるいは情報の移動システムなどと諸要素を含む[5]。また土器論と絡めた論考も見られる[6]。ただし、この場合の領域認識は地域認識と重複しつつより焦点的である。つまりこの場合は単一土器様式内の地域的偏差とその影響関係とでも言えるものであり、本来の領域論が持つ課題の可能性と比較すると限定的である。

さてここで地域圏として論を進める際に次の基本視点を確認しておきたい。小林は「かくて縄文時代の歴史的叙述においては、主体者として具体的な縄文集団と彼らが根拠をおいた具体的な場、あるいはその広がりを明確に把握する必要性がある所以がここにある。そのためには、縄文集団およびその活動舞台を把握する方法をまず発見しなければならない。(中略)空間的な広がりとそこに根拠する縄文人の集団との相互の関係は、恰も紙の表裏にあたるべき性質を有する。」[7]と述べる。この小林の提言は、「領域論」と表現しつつも明らかに具体的な「地域圏」を意識した内容である。いわば縄文人をして縄文社会を語りせしめる、という問題意識を有したものである。

3 土器様式と地域圏の相関認識

土器様式の認定は固有のアイディンティティを内包しながら、その性格からして固定化しえない傾向を有している。つまりその根拠となる土器型式の変化(時空における)をベースにして土器様式も連動化する。したがって様式認定を根拠にした地域圏の設定も、それゆえに動的なものとならざるをえない。

この固定化しえない不安定な状態の中に、縄文人の生の姿(動態)を看取することが可能ではな

かろうかと考える。つまり縄文社会が諸般の内因で変動しており、その現象的把握（ここにおいては様式差の確認）をまず認め地域圏を確定し、それをバネにして社会の実相を切開する方向が得られるものと問題設定をした。実際縄文社会全体を俯瞰すると、一見不均等に見える社会構造とその運動原理と実態が、実は一定の統一性ないし方向性が共有性の存在を示すように思われる。その実際の解明は多方面にわたり、遠景的な課題である。

さてこの土器様式と地域圏の関係であるが、それはあくまでも様式認定が先行しそれにより地域圏が設定されねばならず、あらかじめ地理的な限定性を前提としない。つまり水系・山地・盆地などの要素は地域圏を考える要件となりえても、ひとつの状況に過ぎない。それを無視して地理的な要素をわれわれの先入観で限定した時、認識を誤る危険性がある。例えば山脈により切断されている地域があり、それを根拠として地域圏を想定しても、逆に山脈の尾根伝いルートで土器様式が広がる可能性も成立しよう。その意味において地理的な状態は要件であり、土器様式の吟味とその設定が基本とならねばならない。

4 狭域地域圏の設定

ここで用いる狭域地域圏とは、可児通宏による局地分布型[8]の定義と類似するが、その場合は同一様式内の細分に基づく地域圏の設定である。なお可児は同一様式内で広域分布型と局地分布型とに分けたが、筆者は複数様式間関係の成立をもって狭域・広域地域圏を設定根拠としてみたい。

さてこの方面において可児の研究に先行して、谷口康浩による撚糸文系土器様式の分析を基にした研究がある[9]。谷口は同一土器様式内の原体が南関東地方において地域的偏在性が見られ、その偏在性を根拠として地域圏を設定した。またそこから社会関係が看取され、それを婚姻関係の成立に求めた。この婚姻関係まで評価する紙数をここでは持たないが、社会論まで対象化しえた谷口の仕事に基本的な展望の一つがある。

さてここでは前期後半の諸磯式土器様式、およびその周辺様式を分析対象にしてみたい。すでに諸磯様式と地域圏の研究は岩崎陽一などによって提出されている[10]。しかしその論旨は前記可児論文同様の同一様式内の文様要素などの分析を根拠とした、特定地域内の傾向を提示したものであっ

て複数土器様式を基にした地域圏の設定とまで対象にしていない。なお諸磯式と浮島式の関係などについては古くから問題とされてはきた[11]。

諸磯式土器様式は、前段階の水子式の伝統を継承し、それを発展して成立した土器様式である。分布範囲は南関東地方を中心に中部東海地方に展開している。その文様要素は多岐に分かれるが、基本的に半截竹管による肋骨文や木葉文、三叉入組文、平行沈線文などの文様を構成する。その文様の多様性は、それぞれの文様の系列化として整理できる[12]。本土器様式の変化は文様系列間で相互に恒常的に変容し、やがて十三菩提式土器様式へと発展していく。また器形は深鉢を主体としつつ（とくに波状口縁を有するものや、キャリパー形で大きく屈曲するものなど変化がある）浅鉢など縄文時代始まって以来のバラエティーに富んでいる。

それと地域的には接近しつつもはっきりした独自性を有するものとして浮島・興津式土器様式がある。この様式は発展過程において大木5式からの伝統的な影響を受けながら、水子式の文様構成をも継承した土器様式である。その意味では諸磯式土器様式の祖型（水子式）を共有する。それは初期の段階において文様構成などに共通性を見いだすことで認められよう。

しかしその後は共時性を有しつつも、独自に文様・器形などが変化する。分布範囲は霞ヶ浦から常総台地を中心とし、さらには北関東地方に展開する。

とりわけ文様単位とその手法に特長が見られ、貝殻を使用して各種の文様効果を表出する。また爪形文や沈線文も見られるが、その流儀はやはり独自である。なお器形はバケツ形深鉢が多いことも、諸磯式土器様式と異なる。もちろん当時この二者のみの相互関係が独立的に存在していたのではない。遠く西日本に広く分布する北白川下層式土器様式や、東北地方に分布し発展する前期大木式土器様式との広い交流関係があったことは、搬入土器の供伴出土などの示す通りである[13]。その結果これらの各様式圏を越えた爪形文の蔓延現象などにも現われている。しかしそうした広域性の中にあって、この二者は独立的な主体性を断然確保するのである（図2）。

このような土器様式の相違性は二者の関係が同格的併存関係であり、主従ないし主副関係ではないことを窺わせる。一般に縄文社会の地域関係が

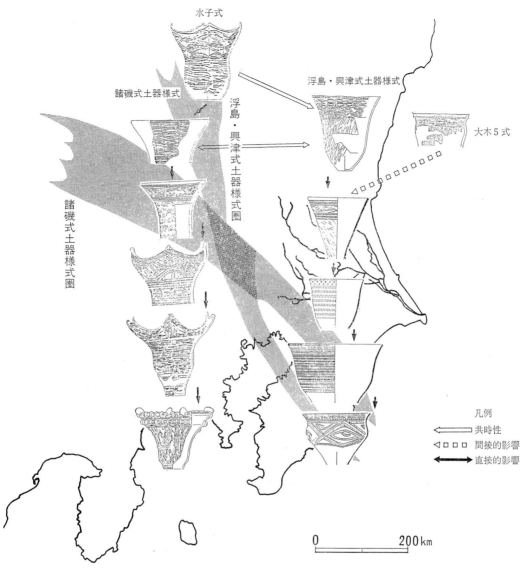

図 2 狭域地域圏設定図（前期後半）

平均性ないし均等性と位置づける時，この二者の関係にその社会の基本構造を見ることができる。

5 広域地域圏の設定

ここでは後期前半を対象にその問題を整理してみたい。まずあらかじめ確認しておくが，狭域と広域の規定について，面積などの絶対的な基準があるのではない。土器様式の成立とその認定を根拠とし，それがより拡大化するものを広域としたのであり，その関係は相対的なものである。

さてこの間研究者により取り上げられているテーマの一つに西日本の中津・福田KⅡ式土器様式の評価（とくに平城式について[14]）や，関東地方の称名寺式ないし堀之内・加曽利B式土器様式との関係性の問題がある。この問題の発端は今村啓爾による称名寺式の成立に関する論考を嚆矢とする[15]。その後堀之内・加曽利B式土器様式の系統に関する議論とあいまって一層活性化する[16]。これらの問題について凡列島規模における研究はいまだ整理されていないが，鈴木徳男によりその方向性は示されている[17]。

ここでそれらについて逐一論評する余裕はないが，文様を構成するJ字状文およびその類形文の変遷過程とその位置づけ（文様帯中における時空変化概念の把握）が問題の基本となっていると思える。

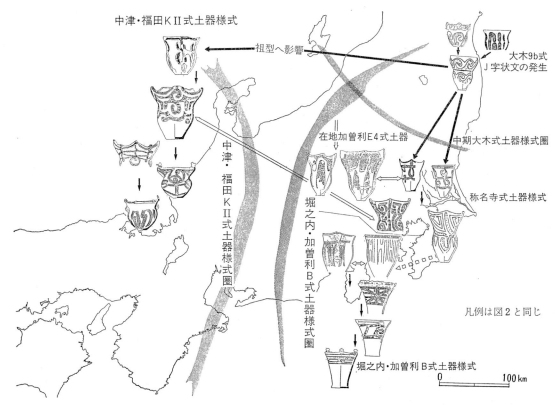

図3 広域地域圏設定図（後期前半）

　この背景となる研究は，例えば関東地方を中心に見てみると従来の単系的編年観を払拭し，複系的編年観を提唱する見解がある。つまり加曽利E4式土器が独自の様式として後期初頭まで残り，称名寺式と弁別して並行することが確認されている[18]。またその後に継続する堀之内式の文様構成が各種の文様系列として整理され（相互に影響を授与しつつ），それが傾向的に地域差として見られることなども提起されている[19]。

　一方，西日本においても前にあげた平城式の評価を中心に土器の型式学的研究が活性化し，いわゆる「逆転編年論」に関する方法論を主軸になされている。しかしそれにもかかわらず，中津式の文様構成の中心となるJ字状文ないしU字状文の祖型を，前段様式である咲畑・醍醐式土器様式の中には見出せない。

　したがってそれらの文様は自然発生的に登場した，と思わざるを得ない。だが土器の主要文様がそのような状態で誕生するとは考えにくい。ここで目を転じて伝統的な文様変化の中にJ字状文の発生を有する，中期大木式土器様式に注目したい。大木9b式段階にJ字状文が独自の文様変化の中で登場してくる。この過程の文様変化は前に述べた加曽利E4式の評価のように実に複雑である。その中にあってこのJ字状文は，関東地方と西日本にほぼ同時期に共振的な影響を与え，称名寺式および中津式の発生の前段的根拠となった可能性が高いと考えられる（図3参照のこと）。

　またそれらの型式に共通の文様構成や，多く見られる文様要素が細かな縄文原体や，切れの鋭い沈線文などの採用がある。さらに注口土器の共時的発生と発展などの共通性が見られることなども注意したい。このことは広域において，土器様式の変化が短時間のうちに伝播的波動的に展開をなしえた例であると捉えてみたい。

6 まとめ

　以上駆け足で述べてきた。土器様式とそれによる地域圏の設定は諸課題が多く，未だ鳥羽口に位置している。さてここで再度問題を整理してみたい。まず動因として縄文人が集団のある社会的意思を反映した「流儀」により土器を製作する。その累積に対して今日時空の秩序を与え，型式編年を経て様式大綱に止揚し整理される。さらには地

域圏が措定できる。その結果縄文社会の「モザイク状」現象として今日評価し把握できるのである。それまでの経過をラセン的な上昇展開と認識すれば，以下述べることはラセン的な下降分析といえる。まず土器様式を基に地域圏を理解することを現象的な基本認識とする。そこから出発し縄文人とその社会の実相解明に向かい，縄文人で縄文社会を語りせしめる方向へ進むこと，つまり前述した上昇展開の追認識（歴史的遡行）の作業も必要とされる。またそれら作業は常に反復し，検証しながら深化していくことで，より社会の実態に接近すると考える。それを図1はこの視点を換えて模式化したものである。

縄文社会に関する論考や，その方法について近年とくに多いものがある[20]。その中でやはり中核的課題は「土器型式学」である。その型式学の論考過程で「○○類型」とか「○○系列」という表現がなされる。その定義については「～のようなもの」的なものであると理解している。

しかし，用語概念の統一的理解は明確化されねばならない。今回型式学に関する各種論考を読みながら，以上の問題を考えさせられた。

また同時に領域あるいは地域についても研究者により異なる傾向がある。現在の行政区画をベースに，地域などを考えるのは論外としても，本稿にも「3　土器様式と地域圏の相関認識」で記したが，地形的・地理的要素が少なからず先入的に研究者の意識の中に介在していることに気づく。それが無意識のうちに介在しているとしても，常に払拭する意識をもって対処すべきである。

以上，問題提起させていただき，擱筆としたい。

なお本稿を草するにおいて前田光雄氏との意見交換に啓発されるところがあった。また紙数の関係上多くの論文，報告を文献記載できなかったことをお断わりしたい。

註
1)　山内清男「縄紋土器型式の細別と大別」先史考古学，1—1，1937ほか一連の著作を指す。
2)　杉原荘介『原史学序論』葦牙書房，1943
3)　小林行雄「弥生式土器の様式構造」考古学評論，2，1934
4)　小林達雄「縄文土器の編年」『縄文土器大観』早期前期，1988 など。
5)　林　謙作「縄紋時代史」14〜20—縄紋人の領域(1)〜(7)，季刊考古学，40〜46，1992〜1994 など

6)　可児通宏「縄文人の生活領域を探る—土器による領域論へのアプローチは可能か」東京都埋蔵文化財センター研究論集Ⅹ，1991
7)　小林達雄「縄文時代領域論」日本史学論集，上巻，國學院大學文学部史学科編，1983
8)　註 6) と同じ
9)　谷口康浩「撚糸文系土器様式に関する問題」史学研究集録，12，1987
10)　岩崎陽一ほか「諸磯b式土器の展開とその様相—多摩丘陵からの視点」東京都埋蔵文化財センター研究論集Ⅺ，1992
11)　和田　哲「浮島式の諸問題」『古和田遺跡』1973
12)　註 10) と同じ
13)　山村貴輝「伊豆諸島の縄紋時代の様相」牟邪志，1，1988 において東京都倉輪遺跡と山梨県小黒坂南遺跡の異系統土器（とくに北白川下層式）の検討を行なった。
14)　前田光雄「平城式についての覚え書き」牟邪志，6，1993
15)　今村啓爾「称名寺式土器の研究」上・下，考古学雑誌，63—1・2，1977
16)　谷藤保彦ほか『縄文後期の諸問題』縄文セミナーの会，1990 など近年多くなされている。
17)　鈴木徳男「称名寺式の変化と中津式—型式間交渉の過程」縄文時代，4，1993
18)　石坂　茂ほか「縄文時代後期初頭における加曽利E式土器の一様相」群馬県史研究，34，1991
19)　註 17) と同じ
20)　縄文文化研究会による雑誌『縄文時代』の刊行や時代・時期別にテーマを設定してシンポジウムなどが90年代に入って盛行している。

亀ヶ岡式土器様式の地域性

青森県埋蔵文化財調査センター
■ 鈴木克彦
（すずき・かつひこ）

──大　別──

亀ヶ岡式土器の地域性は一面複雑な様相をみせているが，地
文の縄文効果や縄文原体を前提に，三地域区分が可能である

　亀ヶ岡式土器自体，晩期における東北地方の地方的な土器である。そして，その中で細別できる地域差がある。前者については，鎌木義昌（1965）に始まって幾人かによる分布圏図がある。まず亀ヶ岡文化圏について須藤隆（1984）は，その分布は東北地方全域に及び，南限を関東地方東部（那珂川流域）と北陸地方北部（信濃川流域），北限を北海道渡島半島南半部までとした。とくに北と南の外縁地帯は独特である。

　さて，亀ヶ岡式土器の地域性とは，基本的には細別型式における地域的な違いや差異を明瞭にしてその分布の領域を明確にすることではあるが，その場合型式の持つ諸要素のうち最もベースとなっているものの違いを明瞭にすること，各々の地域の中で器種器形のセットや文様の変遷が系統的に把えられること，その違いが時空的領域を持ちその時空的領域に継続性を持っていること，などをあげることができる。したがって，地域的にこのような複合した条件を満たす必要があるが，小論ではその第一歩としてベースになっているものを「縄文」に求めて地域性の大別を明らかにしたい。

1　地域性の大別とその方法

　亀ヶ岡式土器における地域性には，目安としての大，中，小の地域性がある。大地域性とは，地域性の中では最も広範囲なもので数県に跨がる地域性である。中地域性とは，比較的それよりは狭い範囲に収まるもので，概ねひとつの県程度かそれ以下の範囲にまとまるものである。あるいはまた，大きな河川でまとまるなら当然複数県に及ぶこともあろう。小地域性とは極めて狭い範囲で把えられるもので，数十km程度の範囲に収まる地域性である。これらを混同を避ける意味で，大・中地域性を所謂地域性と呼び，それ以下のものを地方色（地域色）と呼びたい。さらに，遺跡間の違いというものさえある。

　地域性とは，少なくとも晩期を前葉，中葉，後葉と3段階程度に分けて，ある要素がそれぞれの段階や複数の段階に跨がる時間的な継続性を確実に持ち，一定の地理的（空間的）な範囲を確保したものでなければならないと考える。

　亀ヶ岡式土器の縄文は，全体を通して横位回転の単節LRが通有である。稀には縦位回転があり，羽状縄文は原体を違える場合が通有である。晩期中葉から後葉になると，原体を斜位に置き縦位に回転した縦走縄文が現われる。横走縄文もある。縦走縄文のLR，RLの縄文原体は報告書だけからの判断では難しい。そこで（単節）斜縄文の縄文の左下がり（L）と右下がり（R）の条の傾き（効果）を観察した。したがって，厳密にはL，Rの記号は原体を指すものではない。ただ，横位回転が通有であるからその場合は原体を指していると見ても誤りではないが，一貫性を欠くと誤解を生じるので表現を統一した。つまり，表のLとは条が右上から左下に向くものを指す。Rは左上から右下に条が向くものである。同じく縦走縄文は条が上下に縦走するもの，横走位縄文は条が横走したもの，羽状縄文はその効果をそれぞれ指したものである。（ただしLR，RLの表記は原体を指す。）

　亀ヶ岡式土器の横位回転による斜縄文Lの条（効果）は東北地方一帯に共通しているが，中でも青森県，秋田県と岩手県，山形県北半部に分布の主体がある（L地帯，A地域）。これに対して，宮城県と岩手県南半部から山形県南半部の羽状縄文地帯（B地域），福島県を中心とした撚糸文地帯（C地域）がある。これらのA，B，C地域の基本的な大別エリアは晩期を通して概ね一貫している。さらに結節回転文を多用する地域があるが，これは福島県，山形県，宮城県，秋田県，岩手県南部および新潟県までとかなり広範囲にわたって見られる。主体は福島県，新潟県である。なお，当然これらは限定されたものではなく，諸要素が複雑に入り乱れている訳であって単一に把握されるも

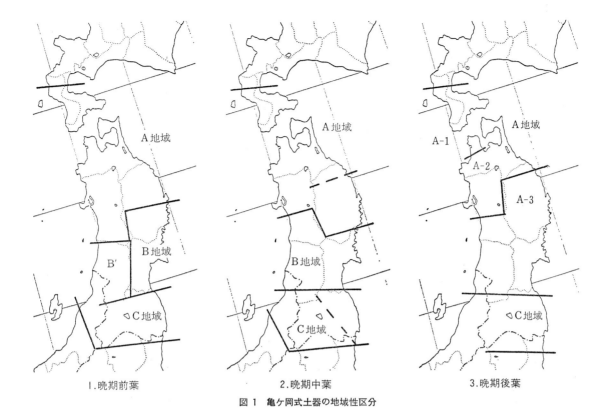

図1　亀ケ岡式土器の地域性区分

のではない。例えば，羽状縄文は福島県にも秋田県，青森県にも存在するが，占有率をみると主従の関係が明らかとなるという大別である。ただし，撚糸文の分布主体は，福島県で不動である。撚糸文には所謂縦走撚糸文と網目状の2種がある。これには櫛描文が伴うことが多い。

　これが亀ケ岡式土器様式における地域性の大枠であり，晩期前葉から中葉までは安定している。しかし，その後葉ではこの地域性が崩れ，複雑になる。ただ，東北地方南端部の福島県とその狭い範囲の周辺部の地域性は一貫している。逆に，中葉末から後葉にかけて青森県の津軽地方の様相には独自性といってもよい動きが見られる。

　亀ケ岡式土器の地域性の中では福島県を中心とした撚糸文地帯が重要な意味を持っている。撚糸文地帯と呼んだが，地文として縄文の上に結節回転文，網目状撚糸文や櫛描文を主体とした複合口縁の深鉢型，長胴の壺型などの亀ケ岡式土器としては独特な土器を組成にしているばかりか，主なる東北地方の所謂亀ケ岡式文様の展開とは異質である。その後葉に至っては北関東の浮線網状文地帯に組み込まれ，この段階で一部の地域（北東部）を除いて所謂亀ケ岡文化圏から逸脱する。

2　亀ケ岡式土器の地域性（図表参照）

(1)　晩期前葉（大洞B〜BC式期）

　縄文原体の施文手法上から見た場合（表1），青森，岩手，秋田県のような東北北部では斜縄文でLが80%を越える。ところが，宮城県に近い岩手県南部の東裏遺跡（岩手県教育委員会1980）では68%に下がり，逆に羽状縄文の比率が増す（16%）。宮城県では中沢目貝塚のように羽状縄文が目立つ（東北大学1984，須藤隆1984）。中沢目貝塚ではLが32%，Rが35%に対し，羽状縄文が33%を占め，田柄貝塚（宮城県教育委員会1986）ではLが65%，Rが21%，羽状縄文が13%を占める。山形県神矢田遺跡（遊佐町教育委員会1971，1972），作野遺跡（山形県教育委員会1984）ではLが主体となるもののRの比率が高い（23%）ことと，結節回転文の比率が他県より高い点（10%）を指摘できる。これらに対して，福島県は東北地方の中ではLの比率が最も低く，撚糸文，櫛描文が多用される。その傾向はいわき市薄磯貝塚（いわき市教育委員会1980，1988）のように福島県でも南部に強い。基本的には，この傾向は晩期全般を通して一貫しているのである。したがって，亀ケ岡式土器様式における

41

表 1　晩期前葉（大洞B式，BC式）地文比率

		北海道		青森県		岩手県		秋田県		宮城県		山形県		福島県	
		北	南	東	西	北	南	北	南	北	中	北	中	北	南
			札苅	八幡	石郷	曲田Ⅰ	東裏	家ノ後	梨木塚	田柄	中沢目	神矢田	作野	三貫地	薄磯
斜縄文	L		84%	84%	87%	90%	68%	81%	80%	65%	32%	76%	64%	61%	36%
	R		13%	13%	9%	8%	10%	7%	10%	21%	35%	16%	23%	12%	3%
	無			2%	4%										
縦走縄文			1%	+				5%							
横走縄文								2%							
羽状縄文			2%	1%		2%	16%	1%	2%	13%	33%	2%	3%	+	3%
撚糸文														4%	21%
櫛描文														18%	24%
条痕文								3%							
条線文										3%					
結節回転文				+			5%	+	3%			6%	10%	4%	
無文															

地域性はすでに前葉に確立し，それが以後のベースとなっていることは後述するとおりである。

東北地方南部の福島県については，撚糸文および櫛描文地帯として同じ東北地方を通して異質であるという点でひとつの地域性（C地域）を特定できる。その対極である東北地方北部は，青森県，秋田県，岩手県北半部をLの地帯としてひとつの地域性（A地域）を保っていると見てよいであろう。器形の上では台付き鉢型が多い地域でもある。宮城県も羽状縄文地帯として独立した地域性（B地域）を有するものと考える。問題はその中間地帯である山形県で，前葉だけで把えるとR地帯（山形県もまたLが多いのではあるが，相対的にRの比率が高い。宮城県もRが多い地域である）と見なすことができそうであるが，以後の様相を見るとある時は宮城県や福島県との関連性を見せつけることが多いので，宮城県を中心として岩手県南部から時には福島県北部の様相を醸し出す錯綜地帯と言った方がよいように思える。つまり，福島県の撚糸文地帯に視点をおくと撚糸文が宮城県，山形県の一部に及び，羽状縄文は岩手県南半部に及ぶように細かく見ると中間地帯というものが当然生まれてくるのは必然的なことである。

（2）　晩期中葉（大洞C1，C2式期）

この時期は，地域性および地方色が前段階より顕著になる。斜縄文は基本的に単節LRである。縄文原体の上からみると前段階には単節LRが主体を占めていたのに対して，この段階になるとLRが主体となるのは前段階同様であるが，全体的にRLの比率が増す。LRの比率が高いのは秋田県，岩手県の北部である。北海道もLRが多い。聖山遺跡では単節LRが91％を占める（七飯町教育委員会1979）。他県でも福島県を除いてLRが比率の上では最も使用される。この段階では前段階に較べて，縦走縄文，横走縄文，条痕文が施文されるようになるのが特徴である。縦走縄文は北海道から青森県，岩手県，秋田県中部まで，横走縄文は比率の上では少ないが，北海道から青森県，岩手県，秋田県まで，条痕文は北海道と青森県に分布する。

逆に，羽状縄文は岩手県以南に分布する。結節回転文は秋田県，宮城県以南に分布し，福島県の比率が高い。撚糸文は福島県が主体で，山形県に少量見られる。これらをもう少し詳しく見てみたい。

地文効果（表2）として北海道ではLが多く，Rの比率が最も低い。縦走縄文（聖山遺跡，30％）の比率が，青森県と同様に高い。青森県では斜縄文Lの比率が相対的に少なくなり，縦位ないし条痕文が多用される。とくに大洞C2式で顕著になり，この傾向は津軽地方で著しい。前段階よりはRの比率が高くなる。また，下北，上北北部では条痕文が多用され，津軽地方に類似する。青森県では北海道と同様に縦走縄文の比率が高くなる。岩手県はLが多く，羽状縄文の比率も高い。縦走

表 2 晩期中葉（大洞C1式，C2式）地文比率

		北海道		青森県		岩手県		秋田県		宮城県		山形県		福島県	
		南	南	東	西	中	南	北	南	北	中	北	中	北	南
		聖山	添山	上尾駮	亀ヶ岡	安堵屋敷	九年橋	地方	平鹿	摺萩		漆坊	作野	鬼渡A	寺脇
斜縄文	L	64%	69%	45%	58%	74%	69%	82%	60%	25%		41%	53%	36%	29%
	R	3%	6%	16%	19%	13%	12%	10%	11%	14%		7%	17%	8%	8%
	無								1%	5%					
縦走縄文		30%	6%	23%	21%	2%	1%	6%							
横走縄文		3%	6%	1%	1%	1%	4%		2%						
羽状縄文						10%	14%	2%	13%	46%		39%	18%	1%	11%
撚糸文													+	52%	38%
櫛描文															7%
条痕文			4%	15%	3%									+	
条線文													+		
結節回転文									13%	7%		+	5%	3%	7%
無文			11%												

縄文は北海道，青森県ほどではないが，少しみられる。秋田県も岩手県と似ているが，北と南で差がありそうである。宮城県と山形県の以南ではLの比率が少なくなり，Rが増える。それ以上に大きく異なるのは宮城県と山形県で羽状縄文が多用されることである。宮城県では46％（摺萩遺跡）に達して最も多い。次いで山形県が39％（漆坊遺跡）を占める。

福島県では圧倒的に撚糸文の比率が高い。これは前段階から引いている。櫛描文は福島県でも南部に見られる。そして，Lが少なくなる。会津地方の鬼渡A遺跡（福島県教育委員会1989）などには櫛描文は見られない。

前段階に羽状縄文の比率が高かった宮城県では引き続き高いが，結節回転文が施される場合が多い。この結節回転文は前段階には山形県を主体にしていたが，この段階になると福島県，宮城県，秋田県南部に広がる。福島県会津地方に多用される。岩手県南部の九年橋遺跡（北上市教育委員会1977ほか）には見当たらない。

このように見てくると，縄文原体の使用頻度（表）の上からは，青森，岩手，秋田県北半部の東北地方北部の地域性（A地域），宮城県，山形県と秋田県南部の地域性（B地域），福島県および山形県の一部の地域性（C地域）が把えられる。細かく見るとB地域の宮城県を中心とする羽状縄文は北上川を上って岩手県中部に及び，あるいは秋田県中部までも使用される。福島県では寺脇貝塚（磐城市教育委員会1966）の浜通り地方に広がっているものの西の会津地方（鬼渡A遺跡，1％＝3点のみ）には及んでいない。また，どちらかというとC地域の結節回転文が秋田県南部以南の山形県，宮城県にまで広がって，この段階になると秋田県南部から山形県，宮城県に多くなる。したがって，秋田県，岩手県はB地域の，山形県，宮城県，秋田県南部はC地域の錯綜地帯と言える。

一方これらに対して，青森県地方は東と西，あるいは三八地方と津軽地方および下北地方のより細分した地域性の広がりがみられる。例えば，A地域の青森県では，大洞C1式の口頸部が発達し体部に磨消縄文を施文した台付鉢型が南部地方に多いのに対して津軽地方では少ない。津軽地方では口頸部が狭小である。体部文様があまり発達をみない点は前段階同様といえるが，これが次の大洞C2式のいわゆる聖山式の段階となると一躍入り組み磨消縄文が発達する。この聖山式は津軽地方に圧倒的に多い。しかし，その分布は南部地方および岩手県北部にまで及ぶ。この大洞C2式からA式にかけて見られる粗製土器の一形態である口縁部に数条の沈線文がひかれる，佐藤広史（1985）がⅠ9類とした鉢型土器（亀ヶ岡型）は津軽地方の中でも津軽半島に分布の主体を持ち，津軽地方一帯に及び，わずかに南部地方や北海道南部に及んでいる。

表 3　晩期後葉（大洞A式，A′式）地文比率

	北海道		青森県		岩手県		秋田県		宮城県		山形県		福島県	
	北	南	東	西	北	南	北	南	北	中	北	中	西	東
	栄町5	湯里6	剣吉荒町	石名坂	君成田IV	杉堂3次	諏訪台C	上新城		赤生津		砂川A	下谷地平	岩下C
斜縄文 L	5%	82%	57%	32%	81%	70%	58%	77%		86%		76%	13%	18%
斜縄文 R	61%	7%	17%	11%	3%	6%	15%	8%		2%		19%		3%
斜縄文 無														
縦走縄文	34%	4%	10%	25%	4%	5%	15%	15%		1%				
横走縄文			13%		8%	19%	12%			11%				3%
羽状縄文						4%						5%	1%	2%
撚糸文			+										12%	18%
櫛描文														
条痕文			+	32%									55%	
条線文		7%										74%		
結節回転文														1%

B地域の岩手県では，北上市九年橋遺跡，石鳥谷町安塔屋敷遺跡（岩手県埋蔵文化財センター1984）に多く見られる大洞C2，A式あたりとされる深鉢型B型の口頸部が著しく発達し，多層沈線文を施文した深鉢型土器（九年橋型）も注目される（藤村東男1987）。この土器の分布は岩手県一帯と一部宮城県，秋田県，青森県に及んでいる。しかし，主体は岩手県南半部(九年橋遺跡)に求められよう。これはA，B地域の錯綜地帯に生じたものと考えられる。なお，この土器の特徴は，体部に横走縄文が施文されることである。これに伴う精製土器と対峙するものが聖山式土器である。いずれも大洞C2式後半からA式にかけて位置付けられる。

C地域の福島県では，蛸壺型の長胴壺型（寺脇型）が目立ち，台付き鉢型や注口型が極めて少ないかほとんど見ない。この寺脇型は福島県（主に浜通り）を中心として宮城県，新潟県に及んでいる。C地域の独自性は根強く，丸底の浅鉢型土器などの幾つかの器形に見ることができる。さらに，珍しい晩期の押型文が福島県会津地方から山形県，新潟県の一部の地域に分布する。

この段階における地域性の最大の特徴は，大洞C2，A式期の所謂工字文の生成にかかわる問題である。所謂工字文の入り方には幾つかの手法がある。その前提は，この段階の雲形文の違いによるところが大きい。

（3）　晩期後葉（大洞A，A′式期）

縄文原体の上からは，単節LRとして東北地方では福島県を除いて地域性（福島県をC地域，他をとりあえずA地域）が一体化される。これらの相互の関係には，遺跡によってばらつきがある。このことはそのままでは地域性を必ずしも反映していないと思われるので細かく見る必要がある。つまり，A地域では山形県を除いて縄文のLとR，縦走縄文，横走縄文の使用頻度率は大差無いが，Lが最も多用されるのは岩手県，宮城県，山形県と秋田県南部であって，北海道，青森県および秋田県北部はこれらと違って特殊であり，Lは60％以下となる。また，Lの使用頻度率は，青森県津軽地方では著しく低い。Rの使用頻度率はおおむね同じといえる。この段階では羽状縄文を多用する地帯がなくなるので，前段階でのB地域からの継続性はこれからは追えない。

Rの比率は北海道余市町栄町5遺跡（北海道埋蔵文化財センター1989）で著しく高い（61％）。縦走縄文も同様である（34％）。ただし，この遺跡では道南系の土器に対して道央系の土器も多く，亀ヶ岡文化圏北の外郭地帯の様相を持つ例として見てよいが，ここまで亀ヶ岡文化圏に入れるかという問題があると思うので触れない。北海道では木古内町湯の里6遺跡（北海道埋蔵文化財センター1985）のように道南部ではLが多い。LとRの比率は多少異なるが，道南部の様相は文様や体部の条痕文などから青森県津軽地方に類似するものが多い。この地方を後A―1地域として中地域性を認めてよい。聖山式からの系譜を引く地域である。縦走縄

文の多い地方であるとも言える。縦走縄文に視点をおくと，青森県，秋田県がひとつのグループになる可能性がある。青森県では津軽地方の黒石市石名坂遺跡（黒石市教育委員会1987）で条痕文が多用されているほか，縦走縄文が多い反面，横走縄文がない。この傾向は津軽地方に共通している。津軽地方に縦走縄文，条痕文が多くなるのは前段階から続くことである。これに対して，南部地方の名川町剣吉荒町遺跡（青森県立郷土館1988ほか）では条痕文が極めて少ないのに対して横走縄文が多用される。このあり方は秋田県北部の大館市諏訪台C遺跡（秋田県教育委員会1990）と共通している。ところが，岩手県，秋田県を較べると，秋田県では北と南に分かれるのに対して，岩手県は宮城県と一体になる。そこでは従前のような羽状縄文はほとんど見られなく，むしろ横走縄文が目につく。従前とは枠組みが変わっていることがわかる。

また，宮城県で縦走縄文が少なく反面横走縄文が多いとか，山形県で縦走縄文，横走縄文がほとんど無く羽状縄文がわずかに見られるといったばらつきがある。したがって，A地域はさらに細分されて，青森，秋田県北部を後A―2地域，それ以外の福島県を除いた東北地方（岩手県と秋田県南部，山形県，宮城県）を後A―3地域（B地域と呼んでもよいが保留）と呼ぶ。

これらとは福島県は大きく異なり，条線文，櫛描文が多用され，次いで撚糸文とLの順で使用される。これは全時期を通して見られ一貫した地域性（C地域）である。ただ，福島県の東と西でも青森県と同様な違いがありそうである。

この時期の地域性の問題を考えるうえで，東北地方南端部における浮線網状文の影響を等閑視することができない。東北地方では浮線網状文の影響は福島県に顕著で，山形県の一部に及んでいる。東北地方に隣接する圏外の土器が亀ケ岡文化圏内に入るとき福島県を経由するのは当然ではあるものの，地理的に隣接するという理由は絶対的な条件ではあるが，上述のように福島県は所謂亀ケ岡文化圏としては常に異質であったことと無関係ではないはずである。

3 結 び

東北地方全体ではA地域，B地域，C地域の大別した三地域区分が可能であった。これに錯綜地帯があって，さらに地域性は各時期において多少

の変動（枠組の組み替え）があることもわかった。亀ケ岡式土器の地域性の問題としてあるいは地域性を把握するために，筆者はその指標として地文の縄文の効果，あるいは縄文原体に求め，それを前提にした。

亀ケ岡式土器（の発達）は地域的には一面複雑な様相を見せていると言ってよい。ある要素に視点をおいて地域性を見ても次の要素でそれを検証した場合，前のそれとは違ってくる。ただ，研究の過程では，そういった分布論を徹底的に行なってみることは必要である。そういう反省に立ってかねてより考えていたことが，まず地域性の大枠を決めることであった。誰が見ても東北地方の中で福島県は異質であろう。亀ケ岡式土器の地域性は，各県単位で見ることもひとつの方法である。筆者の持論として，藩政時代の藩区分が指標となるし，それ以前の地方区分も参考になる。ただし，その地域性区分は，晩期全体で考えることは難しい。そこで三区分（前葉，中葉，後葉）してみた。本来は各型式毎に地域性を見るべきである。

今回は地文の縄文の種類や傾き方を大きなテーマとしたが，例えば，異条縄文，付加条縄文，亀ケ岡式らしい節や条の細かい縄文などの問題も等閑視できない。器種組成の問題もまた同じレベルで大地域性を考えるべき要素と思われるので今後の課題である。なお，文献については紙面の都合により文中に記したものも含めて大方を省略する。

参 考 文 献

尾花沢市教育委員会『漆坊遺跡』1982

鎌木義昌「縄文文化の概観」『日本の考古学』Ⅱ，1965

佐藤広史「型式の空間分布から観た土器型式」『赤い本』1985

須藤　隆「北上川流域における晩期前葉の縄文土器」考古学雑誌，69―3，1984

藤村東男「亀ケ岡式土器の地域性」考古学ジャーナル，261，1986

藤村東男「岩手県九年橋遺跡出土の深鉢形土器について」萌木，22，1987

宮城県教育委員会『摺萩遺跡』1990

村上市（安孫子昭二）『村上市史』別巻1，1982

山内清男「所謂亀ケ岡式土器の分布と縄文式土器の終末」考古学，1―3，1930

山内清男「縄文土器の終末」ドルメン，1―6，7，1932

山内清男「日本先史時代概説」『日本原始美術』Ⅰ，1964

様式分布圏の境界

玉川大学講師
■ 戸田哲也
（とだ・てつや）

同質的な文化背景が認められる中での縄文土器型式，様式間の文様
差異は，そこに決して深刻な集団間の対立を考えることはできない

1 様式概念の整理

　土器様式は，縄文土器細別型式の空間分布，時間系列に見る文様，器形などの類似度合に着目し，ある種の共通する気風を持つ型式群として規定される[1]。このような縄文土器様式の実体化というものは，編年型式として取り扱われることの多い土器型式研究とは別種の観点からの研究方向をめざすものとなり，縄文土器そのものにもとづいた地域集団と伝統，そしてその動態という縄文社会のダイナミックな復元に基礎的展望を与えるものとなろう。

　これに対して岡本勇は細別型式群に見る遺跡数，生産形態などの背景と土器形態の関係から「型式の細分と総合化」としての型式群の把握を試みようとされている[2]。これは小林達雄様式論研究の背景に存在している縄文社会の生業と経済的側面からの研究方向を示すものといえよう。

　一方，佐藤達夫も土器型式の地域的，時間的細分を進める中から「型式系統」という概念を提起された[3]。佐藤の主張は文様パターン，施文手法に対してより微視的な見地からの積み重ねを指示するものであり，異系統の共存という視点をとくに注目される。縄文土器様式論を裏づけていくための手段ともなり，その意味において様式論と表裏の関係にあると言える。

　さて確かに細別型式の土器相には，研究者の着眼点にもとづいて多くの共通する気風を持つ様式（型式群）が，時間的にも地域的にも指摘される。

　小林達雄は現状約70の様式を提案し，その分布領域と発生のメカニズムから，5つの伝統的広々域分布領域（大地帯）を区分し，広域分布型の中地帯と局地分布型としての核地帯を定義された[4]。

　しかし研究者間の着眼点の相違によっては様式分布の核地帯，中地帯，大地帯の取り扱いが伸縮する可能性があり，また時間幅においても，発生と終末の区分が変動する可能性もある[5]。本論においてはこのような様式分布の境界というデリケートな問題について検討することとなるが，小林の大地帯（広々域分布）そのものを取りあげる準備がないため，とくに東西日本の分布境界という点に的を絞り考えてみた。

　なお小林による東西日本の様式分布境界としては，小林区分II地帯とIII地帯の境い目に設定されており，その基本観は大方の認めるところであろうが，時間推移に伴い広々域よりなる様式分布が，変動していく有様を観取することができた。したがって本論では小林の大地帯概念のケーススタディーとして，広々域分布という表現を持って変えたところがあることを了承願いたい。

2 様式分布圏の動態

　図1にまとめたものは，本州太平洋側を中心とした様式（型式群）の時期的，空間的動態を表現せんとしたものであるが，とくに東西日本のまとまりと境界を求めるうえで，広域分布型のつながりに見る広々域様式群を意識し，あるいはすでに様式として発表されているいくつかの様式を分解する形で表現したところがある。

　変遷図を見てまず気がつくことは，縄文前期中葉以降の関東以東および近畿以西の様式のまとまりに対して，常に中間地帯としての中部高地，東海西部地域に別種の様式（型式群）が東西を分かつように発生，発達していることが認められる。

　日本海側についても同様な図が必要とされるが，とくに早期末〜前期前葉において太平洋側とは逆の動きが認められることが注目される。前期末葉以降は中部，東海と同様に北陸的色彩の強い様式が伝統的に存立し，少なくとも後期前葉までは東西を分かつ中間地帯を形成している。

　したがってとくに東西日本様式分布圏の境界を考えていくうえで，この中部・東海地域の型式群の生起が大きな役割をはたしていることに注目していく必要がある。図1に示した太線区分は，その意味においての東西の境界線を示すこととなる。なお，空間的分布状況を表現するうえで中部

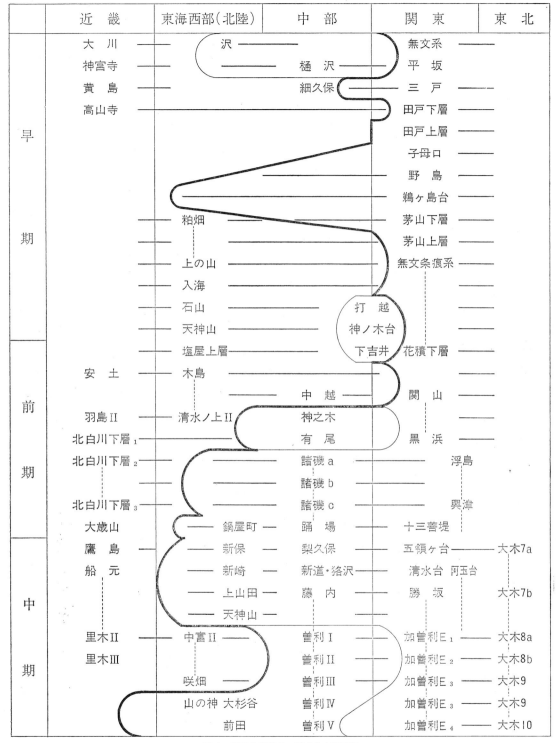

図1 東西土器様式, 型式分布変遷図

太平洋側（東海中, 東部）前期中葉に清水ノ上Ⅱ式などの分布拡大がおこる時期もあり, 日本海側と同様に本図には表現できなかった。

（1）早期の動態

早期前半押型文系土器様式のあり方は, 近畿系大川・神宮寺ネガティブ文土器群と, 沢・樋沢型の山形押型文系列とではひとまず, 美濃・飛騨地

47

域に境界線が設けられる。しかし彫刻棒による回転施文技法という観点から両者を同一広々域型様式群に属すると考えれば，関東地方以東に認められる平坂式前段階からの無文，擦痕文系土器群との差異がより大きな広々域様式差として捉えることができよう。

なお関東地方に見る無文，擦痕文系土器群に対する中部系山形押型文土器の関わりは，ごくまれに折衷型の土器を作り出しているが，多くの遺跡において胎土，焼成，厚さいずれも関東系の土器群とは全く異なる異系統性を保ちながら少量共伴する現象を示す。

早期中葉の東日本的貝殻沈線文系土器様式の発達と分布拡大に伴い，三戸式土器の中部高地への拡散が知られるが，押型文系土器様式の主体性が逆転することはない。田戸下層式期に至ると再び西日本，高山寺系楕円押型文土器が関東南西部まで分布してくるが，微視的に見れば，箱根，伊豆半島を境に，楕円押型文主体遺跡と田戸下層主体遺跡とが境界を接する現象が認められる。

このように，無文・擦痕文系土器群，貝殻・沈線文系土器様式と，広々域西日本押型文系土器様式とは，ついに折衷型式を作ることなく，両者の系統を保ちながら分布圏の拡大，縮小，そして関東境界域での共伴関係を示すこととなる。

早期後半においては，細隆起線文による区画文と刺突文を併用する条痕文系土器様式の鵜ヶ島台式土器が東北南部から東海西部までの実に広い範囲に主体的分布を示す。この傾向は茅山下層式段階まで存続するようであり，高山寺系押型文土器の終焉による東日本系広々域様式への転換現象とて捉えられる。

しかし茅山下層式以降東海地方には，新たに東海条痕文系土器様式の粕畑式土器が出現し，関東南西部までの分布圏を形成する。この後東海地方には上の山〜入海式の条痕文系無繊維の薄手土器を特徴とする隆帯文系土器群が継起し，東海西部主導の大きなエポックを作りあげることとなる。

伊勢湾を中心とする東海西部の様式は東西に分布圏を広げる形となり，近畿を含め入海Ⅰ・Ⅱ式への様式的展開を持続する。文様系統，土器製作技法から見て，この東海から中部，近畿まで広がる無繊維土器様式群と，関東以東に分布する繊維含有厚手条痕系土器群との差異は大きく，広々域に見た西日本系土器様式の分布境界は実に関東南

西部まで到達している状況を示す。その結果，上の山式以降天神山式並行期までの5型式の期間，分布境界である関東南西部において，東海系土器様式の文様系統を取り入れつつ，施文具の置換効果をはたした折衷型土器群が出現する。絡条体圧痕文土器群は，下沼部式前後に未命名型式を含み東京西部，神奈川に小分布圏を形成し，続いて貝殻腹縁文土器の打越式は関東南部から東海東部までのやや分布圏を広げた状態で中間地帯型式を成立させる。

早期末葉の関東南西部，東海東部に起こった，これら折衷型型式の出現は，様式の分布境界を考えるうえでの一つの特徴的現象であり，これ以降各期，各地域に起こる類似現象の先駆的かつ非常に明瞭な典型例として注目されるのである。

（2） 前期の動態

前期初頭における木島式の生成は，やはり根強い東海系土器様式の伝統と影響力を示す薄手無文土器様式として認められる。分布の傾向は前段階の石山〜天神山式段階と比べ，さらに中部高地に分布圏を拡大していく。

神奈川，山梨，静岡東部では木島式を混じえながら，神ノ木台，下吉井式が打越式の分布をほぼ踏襲して折衷型中間地帯型式として出現する。

一方，早期終末期の東北南部には，大畑G式の独特な型式を生み出しつつ，前期羽状縄文系土器群としての上川名Ⅱ式あるいは関東北部での花積下層式へと転換していく。

東日本の広々域に分布する前期羽状縄文系土器群と，あくまでも非縄文を特徴とする東海西部早期後葉以来の地域的伝統を引く塩屋上層・木島式との差異は大きい。その分布境界中間地帯に出現した折衷型神ノ木台・下吉井式土器は非縄文系と見れば西日本的広々域分布に加えられ，繊維含有，わらび状沈線文のあり方から見れば，広々域の東日本系分布に加えることも可能となる。早期末葉の絡条体圧痕文土器，あるいは打越式に見る西日本的影響度の強さに比べ，下吉井式はより東西の折衷度が強まった型式であると見ることができよう。

前期中葉では瀬戸内地域を中心とする羽島下層Ⅱ式と同一様式に属する型式として，東海西部に中心を持つ清水ノ上Ⅱ式が認められ，西日本〜東海西部までの広々域分布圏を捉えることができる。一方関東地方では，安定した羽状縄文土器の

伝統下に関山式，黒浜式が継起する。同時期，中部高地を中心として櫛歯状文を持ち，胴部縄文施文の神之木・有尾式が中間地域折衷型式として分布する。主文様の施文具が特徴的ではあるが，関山，黒浜式文様の置換としての色彩が強く，広々域的には東日本系土器群の範囲に加えられる。その結果東日本系土器の分布は飛驒，木曽，下伊那までと分布境界を拡大することとなり，早期後葉以来，中部高地，東海東部，関東南西部までを分布境界として保ち続けた，東海西部主導の西日本系様式群はこの前期中葉を境に大きな転換期を迎える。

そしてまた中部高地における東日本土器様式への接近はこの前期中葉期に始まり，以後中期後葉曽利式の独自様式出現までは，中部〜関東を通じての類似様式分布圏を成立させることとなる。

前期後葉では，東海西部〜関西的様式としての薄手土器群の伝統のもとに北白川下層2式が出現する。同時期の中部高地，東海以東には非常に斉一的な諸磯a，b式土器が分布圏を確立する。

木島〜清水ノ上II式から北白川下層2式をへてこの後しばらく東海西部，近畿は広々域的に同一様式が分布する。このことは，ある意味において，東海西部主導型が出現しなくなったことを背景として，中間地域折衷型を派生することなく，東日本型の分布境界が直接東海西部まで達したとも言えるのである。

北白川下層2式と諸磯a式との分布境界は図2に見るように，愛知，岐阜に求められる。そのあり方は，両様式土器群が共存する中での量的比率という関係でみることができ，折衷，中間型式というものはこの間には出現しない。図2を見ると，北アルプス，木曽山地，中央アルプスの山塊が分布境界を作り出す地理的要因になっている。その中での落合五郎遺跡，鞍船遺跡の現象は，木曽川，天竜川という，中部高地をつなぐ河川流域に起因するものであろう。

（3）　中期の動態

中期初頭鷹島式は，北白川下層2式以降の伝統下における近畿地方発生の土器型式であり，その分布は北白川下層2式のあり方と近く，破片の分布を追えば，中部高地〜関東南西部まで到達していることが認められる。

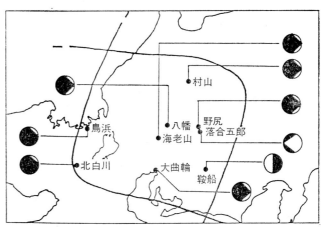

図2　縄文時代前期後半における東西両系統の土器分布模式図
（黒：北白川系，白：諸磯系）（『東海の縄文時代』特別展図録より[8]）

同時期，北陸地方を発生源として，新保・新崎式土器様式が出現する。すでに前期末から石川〜新潟を中心とする鍋屋町式が北陸的地域型式の素地を作りつつあった背景に立脚して，ここに北陸地方主導型が明確になる。新保・新崎様式の影響のもとに，中部高地では梨久保式，関東地方では五領ケ台式が出現する。しかしこのあり方は，かつて東海西部主導型の様式が関東まで及んだこととはやや趣を異にして，中間地帯，あるいは折衷型とも異なる亜流を生み出しながら，広々域的な分布圏を形成する状況が窺われる。

この北陸発生型の伝統は，次の上山田・天神山土器様式においても中部〜関東の藤内，勝坂式土器様式の発達を促すこととなる。

なお鷹島様式と新保・新崎様式の分布境界として岐阜県飛驒地方があるが，中間型式，折衷型式などを発生させることなく，両者が非常に純粋な，逆に言えば非常に異質な形で量的比率の差を持って共伴する現象を示す。

中期後葉に至り，中部高地に曽利様式が出現する。地文縄文を持たず，同時期の加曽利E様式，大木8〜10様式との大きな差を示す。一方，近畿では船元式の伝統の中から里木II様式が分布圏を東海西部まで拡大し，曽利様式と接する。この里木II式には加曽利E1〜2式，大木8a〜8b式と類似する土器が伴出することから，北陸経由大木8a式あるいは関東加曽利E式の伝統を推定する考えもある。しかしキャリッパー型の器形，連弧状文，縦走する地文などの多くの要素は船元III〜IV式からの伝統を受け継いでいることに注目すれば，一つの様式としての存立を認めることがで

49

きよう。

　里木Ⅱ様式の分布圏内には，東海西部の中富Ⅱ式が知られている。一方，伊勢湾地域を中心として口縁部渦巻文が発達し，溝底爪形文を特徴とする咲畑式が東海西部から伊那谷まで分布する。しかし中富Ⅱ式と里木Ⅱ式の強い共通性を考慮すれば，咲畑式は次時期の発達型式と捉えることができる。そのような咲畑式生成の要因としては，里木Ⅱ様式の伝統を受け継ぎつつ，東海西部という地域的あり方から，そこに加曽利Ｅ２～３式の影響が加わったものと考えられ，咲畑式並行期の近畿地方土器型式があまり明瞭ではない現状から考えて，里木Ⅱ様式の伝統が東海西部に転移し受け継がれたと見ることもできるのである。

　この間，中部高地曽利様式は関東以東と，東海西部以西の中間地帯として独自な様式展開を遂げているが，東側分布境界となる関東西部では加曽利Ｅ式とのあいだで折衷型を形成することなく，かなりの比率を持って共伴・共存する現象を示す。このような異質性を保ち量的比率による分布境界を認め得る現象は図２に示したように各地，各時期に見る縄文土器分布の一つの特徴であるが，曽利Ⅰ～Ⅱ式の場合，西側分布境界となる東海西部里木Ⅱ式期遺跡において意外に共伴・共存するケースが少ないことが注目される。この現象は，関東地方勝坂式土器様式が中部地方と同質的土器様式を形成していた経緯に由来するところが考えられねばならないが，同様に西側分布境界では中部地方藤内～井戸尻式段階からすでに近畿地方船元式との共存関係の少なさが背景に考えられてくる。そしてそこには文様的土器様式現象を超えた課題と問題点が内在しているであろう。

　咲畑式以後，後期初頭までの東海西部以西では，未だ土器型式上の系統性，そして様式論的整理がついていない。一つの傾向としては，曽利式後半型式と，加曽利Ｅ３～４式の影響が浸透している状況が窺われ，大きくは，東日本的大概念に含まれる可能性が考えられるが，今後の課題となろう。また北陸地方においても串田新・大杉谷様式および後続する前田・岩峙野式との型式学的整理，系統性の把握に不明点が多くみられる。後期前葉以降の広々域分布様式が出現するまでの間の東海・北陸・近畿地方での研究進展が待たれるところである。

３　ま　と　め

　器（うつわ）としての縄文土器に，あれほどの精緻な文様を施し，また無文土器であっても調整手法まで共通性と伝統性を保持し，おおよそ機能しない突起，把手を付すという土器作りへの信念と，伝統，そして分布圏の形成とは一体どのような歴史的背景のもとに起こった現象なのであろうか。

　最少単位としての細別土器型式の存在意味について，筆者は東京湾を挟む遺跡間土器群の比較から，生業基盤を一つの紐帯とする地域集団の形成と，地域集団間の積極的なコミュニケーションの結果を考えたことがある[6]。列島縄文文化という地理的基盤を前提に，生業形態，集落，宗教形態，各種文化遺物などのうえから，極めて同質的な文化背景が認められる中での縄文土器型式・様式間の文様差異はそこに決して深刻な集団間の対立を考えることはできないであろう。

　しかしそのような中においても，型式分布の境界域には，差異統型式の共存，他型式からの改変，折衷型式の創作という現象を生み出し，さらには型式間をつなぐ広域，広々域分布型の様式原理を認めることができる。これらの現象についてはなお整理分析を進めなければならないが，そのためには，山本暉久が進めた神奈川県における異系統土器流入の具体的資料集成モノグラフが各県レベルにおいて行なわれる必要があろう[7]。

註

1) 小林達雄「型式，様式，形式―縄文土器の世界」『日本原始美術大系１』講談社，1977

2) 岡本　勇「五領ケ台式土器についての覚書」貝塚，3，1969

3) 佐藤達夫「土器型式の実態―五領ケ台式と勝坂式の間」『日本考古学の現状と課題』吉川弘文館，1974

4) 小林達雄「縄文時代領域論」『坂本太郎博士頌寿記念日本史学論集』上巻，吉川弘文館，1983

5) この点については，型式認定基準の問題として土器研究者が苦慮するところであり，筆者も型式論として指摘したことがある。戸田哲也「縄文土器の型式学的研究と編年（前篇）」神奈川考古，22，1986

6) 戸田哲也「東京湾を渡った縄文人」東邦考古，15，1991

7) 山本暉久「縄文時代における異系統土器群流入への実相」古代，92，1991

8) 『東海の縄文時代―特別展』名古屋市博物館，1982

50

特集●縄文社会と土器

土器の動き・人の動き

土器の動きからして人間の動きはどうとらえることができるだろうか。全国各地9カ所の遺跡や地域からそれを実証してみよう

北海道・御殿山遺跡/群馬・房谷戸遺跡/新潟・五丁歩遺跡/千葉・西広貝塚/東京・大森貝塚/東京・八丈島倉輪遺跡/3単位波状口縁深鉢型土器/九州・四国磨消縄文系土器/琉球列島

北海道・御殿山遺跡

北海道教育委員会
■ 大沼忠春
（おおぬま・ただはる）

後期後葉の御殿山式土器群は北海道全域に及んでいるが，そのなかでも突瘤文土器は将来アムール下流域との交流の検討も必要となってこよう

　御殿山（ごてんやま）遺跡は静内町目名に所在し，現在北海道指定史跡となっている。その位置は静内川河口から4.5km，右岸にある通称御殿山の丘陵斜面である。この丘陵には縄文時代早期の石刃鏃の時期から擦文時代にわたる土器・石器に加えて，チャシなどの新しい時期の遺構も存在している[1]。

　指定地は，その中で縄文時代後期後葉の積石を伴う土壙墓の所在する部分で，昭和20年代から30年代にかけて，当時静内高校におられた藤本英夫氏らの活動により，北海道地方の特色を示す縄文時代の遺跡として全国的に知られるところとなった。『日本の考古学』IIの巻頭カラー図版は，それまでの縄文時代の墓のイメージを転換させるものであった。

1　御殿山遺跡出土の土器

　付図の土器は，御殿山遺跡の土器としてよく使用されるものをまとめてある。出土状態は一部不明である。これらは御殿山式土器と呼ばれていたもので，その後区分してとらえられるようになり，現在では，1・2を堂林（どうばやし）式の段階として他の御殿山式から区分するか，さらに3～6あたりを三ツ谷（みつや）式として，7～13の御殿山式から区分することもなされている。

　これらの土器の命名，報告を行なってきた河野広道氏は，第3次報告を『考古学雑誌』[2]に掲載して亡くなった。この報告では，それまで「静内御殿山式」と呼称されていたのを，出土土器の多様性からそれを4群に区分し，その第1群は堂林遺跡の資料などに類例のある，主に突瘤文と太い沈線文のあるものをあて，第2群に貼瘤文のあるものや細い沈線による文様のあるもの，三叉文のあるものなどを含められた。第3群は大洞（おおぼら）B・BC式に対比できると考えられたものであり，第4群には縄文のみか無文のものをあてられている。この内第1群を御殿山I式，第2群を御殿山II式とされた。その性格は，第1群については，突瘤は前北（ぜんぼく）式，沈線は野幌（のつぽろ）式に関連し，野幌式の道央の例として手稲（ていね），道北の例として船泊（ふなどまり）上層の両例に第1群のような突瘤文の施されているものはなく，エリモ，堂林などの遺跡の資料に認められる状況から，前北式と野幌式の接触の所産とみなされた。第2群土器の特徴は本州の安行（あんぎょう）I・II・IIIa式に類似点が多く見られるとされ，御殿山式が2つの性格の異なる土器（I式とII式）からなることを示されたのであった。

　これに対して，大方の考えは山内清男氏の編年観にそって，後期の中葉を加曽利B式とし，それ

51

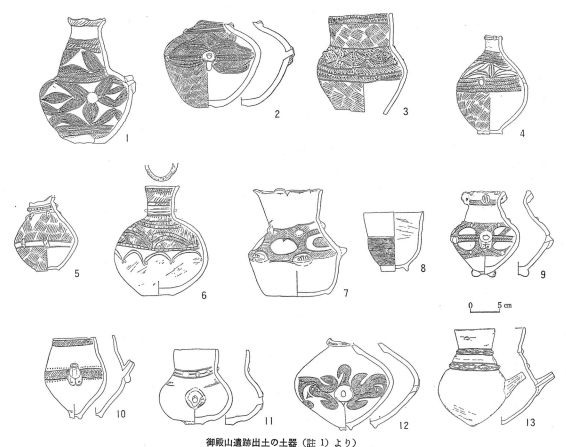

御殿山遺跡出土の土器（註1）より
1：Cトレンチ包含層，3：8号墓，5：B-12号墓，7：Dトレンチ包含層，8〜13：3号墓，2・4・6：不明

に対応する北海道の土器を野幌式とした場合，後期の前葉にはかつて渡島には青柳町[3]がおかれ，戦後入江式に代わっていたが，後葉には型式名が未定であったため，そこへ御殿山式を位置づけることであった。芹沢長介氏[4]も，山内氏[5]もそうであった。それとは別に御殿山1群と2群を編年的差ととらえる見解もあり，御殿山1を後期末，御殿山2を晩期初頭に置く。

このような状況のもとで，松下亘氏は，御殿山1群，堂林1群のような突瘤文のある土器を全道的に概観し，12類に区分し，その内第5類とされたエリモB遺跡出土資料のようなものを関東の加曽利B式に，第6類とされた御殿山1群土器の類を関東の安行Ⅱ式に対比されるべきものとし，さらに6類の時期の突瘤文は（御殿山式の）粗製土器にのみ施文されることを指摘した。その類例は道南の茂辺地から道東の斜里町まで，全道に及ぶものであることを図示した。この6類の出現は5類に後続し，5類から継承されたものと認められ，一部は晩期初頭まで下るかもしれないと記されて

いる[6]。松下氏は名取武光氏と連名で北海道の縄文後期を概観された中で，御殿山Ⅰ式とⅡ式について，Ⅰ式土器は粗製土器的なものであり，Ⅱ式は精製土器的なもので，それぞれの細分は別として，セットとして考えるべきであろうと述べている[7]。この御殿山式の位置は，後期後葉の全期間を含むものとして示されていることになる。このような経緯を知るならば，北海道の後期後葉の土器群を包括的に御殿山式土器群としてとらえるのも意義のあることになろう。

このように御殿山式の内容の理解が進められた結果，その前半を堂林式の段階，後半を御殿山式の段階として細分するとらえ方もなされ，吉崎昌一氏は，道央の御殿山式に対応する道南の資料に茂辺地（もへぢ）式，道東の資料に栗沢（くりさわ）式をあてている[8]。この両者は御殿山式ほどの資料は知られていない。これとは別に，道南の堂林式に後続する土器として三ツ谷式が設定されている[9]。報告資料は再整理が必要と思われるが，これは道央の御殿山式をさらに細分した古い段階に相当するもののようで

ある。道央の例ではキウス遺跡の平地住居址出土資料に相当するものか[10]，道東では弟子屈町下鐺別出土資料[11]が相当するのであろう。

2　御殿山式土器の分布

御殿山式およびそれと関連のある土器を出土した遺跡は，この後，道央の千歳市美々４，道南の乙部町元和地区の両遺跡で調査されている。元和地区の遺跡の調査を担当した筆者は，後期後葉に堂林，三ツ谷，御殿山の型式推移がたどられ，晩期初頭には乙部町館浦遺跡の資料が存在することから，御殿山式相当のもので後期の終末を画すことができると考えていた[12]。道央の美々４遺跡の資料を検討した林謙作氏は，そこに固有の特色をもつ御殿山式系の土器と，弧線文を主体とする晩期の土器群の存在を認められ，美々４式の設定を試みられている。その関連で，御殿山式の標式資料そのものを再検討する必要があることを述べられている[13]。

その後道南で湯の里３遺跡の報告[14]がなされ，御殿山式に対応する土器として湯の里３式が，茂辺地式に代るものとして改めて設定された。また道南の弧線文系の土器に大洞Ｂ式が組合わされた様相をもつ資料が，木古内町札苅遺跡で出土し，札苅Ｂ式と仮称されることになった[15]。美々４遺跡の資料も，後期末の御殿山式から，晩期初頭の美々４式へと変遷している様相を示すものと解されるのであるが，御殿山遺跡の資料を含めて，改めて道東の資料の再検討が必要な情勢である。

道南の湯の里３式には付図９のような耳のつけられたものや，13のようなものが認められるが，それとは別の形態の注口土器もある。美々４遺跡には付図８・12にみられる斜位押捺による特殊な縄文の土器がある。道東方面との関連は栗沢式の壺のモチーフに，12の文様を想わせるものがあり，また８や９のような磨消縄文の手法も認められる。また栗沢式には独自の形態の壺形土器がある。

粗製の突瘤文土器では，道内ほぼ一様な文化を示しながらも，祭祀的な分野では微妙に特色を形成している姿を示すのではなかろうか。３号墓の注口土器の多様性は何に起因するのであろうか。10・11の形態は道央部の特色を示すものであろうが，他は道南方面や道東方面とも交流のあったことを示しているのではなかろうか。この墓の主の縁者のそれぞれの世帯から手向けられた土器であったなら，それらの人々の活動範囲を示していたのではなかろうか。

なお文様のある深鉢形土器について，野口義麿・安孫子昭二氏は瘤付土器第Ⅳ段階（新地４式）併行の土器として斜里町栗沢と，滋賀県滋賀里の資料を並べて示したことがあった[16]。この新地４式そのものとみられる資料は御殿山遺跡にも認められる。この時期の新地４式を中心としてみた場合，広域に及ぶ交流圏の両端を示しているのかもしれない。北海道地方の突瘤文のある御殿山式土器群は，宗谷地方や根室地方に及んでいて，さらに樺太・千島に及んでいることも予測される。この土器群については，将来アムール下流域の文化との交流をも検討することになりそうである。

註
1)　静内町教育委員会『御殿山遺跡とその周辺における考古学的調査』1984
2)　河野広道・藤本英夫「御殿山墳墓群について」考古学雑誌，46―4，1961
3)　山内清男「縄文土器型式の細別と大別」先史考古学，1―1，1937。青柳町の資料は，筆者の知るところでは入江式に相当するものである。戦後別物のように編年されたことがあった。
4)　芹沢長介『石器時代の日本』1960，和歌森太郎編『図説日本の歴史』1―日本文化のあけぼの，1960
5)　山内清男ほか『日本原始美術』1，1964。この中で小樽手宮の土器（杉山寿栄男編『日本原始工芸』1928，第83図版２所載）を山内氏自身御殿山式として記載している。
6)　松下　亘「北海道の土器に見られる突瘤文について」物質文化，5，1965
7)　名取武光・松下　亘「縄文後期文化―北海道」『新版考古学講座』3，1969
8)　吉崎昌一「縄文文化の発展と地域性１北海道」『日本の考古学』Ⅱ，1965
9)　大場利夫・渡辺兼庸「北海道爾志郡三ッ谷貝塚」考古学雑誌，51―4，1966
10)　大場利夫・石川　徹『千歳遺跡』1967
11)　沢　四郎ほか『弟子屈町下鐺別遺跡発掘報告』1971
12)　大沼忠春編『元和』1976
13)　林　謙作「美々４式の構成」『芹沢長介先生還暦記念考古学論叢』1983
14)　千葉英一・葛西智義ほか『知内町湯の里３遺跡』（北埋調報32）1986
15)　熊谷仁志ほか『木古内町札苅遺跡』（北埋調報34）1986
16)　野口義麿編『縄文土器大成』3，1981

群馬・房谷戸遺跡

群馬県埋蔵文化財調査事業団
■ 山口 逸弘
（やまぐち・としひろ）

房谷戸遺跡における中期異系統土器群の共存は土器群の共時性を
示すほか，共伴する土器相互の文様交渉と変化の様相を提示する

房谷戸遺跡は群馬県勢多郡北橘村に所在する[1]。周辺は赤城山が形成する山麓台地が横列し，本遺跡も同様の台地に占地する。また，北側の小河川を隔てて中期環状集落で著名な三原田遺跡が位置する。検出された遺構は，中期住居址18軒・土壙800基以上で，住居址・土壙出土土器の共伴関係から，当時の異系統土器群の共存現象が認められている。

このような現象を考える際に，佐藤達夫氏の提起した，一遺跡における異系統土器群の共存と一個体の土器内の異系統文様の共存現象[2]を具体的に分析することが必要であろう。この現象はとくに内陸部の集落遺跡出土土器に顕著で，阿玉台式土器と勝坂式土器の共伴や大木8a式と阿玉台式の共伴が各遺跡で検出されている。しかしながら，この共存現象は交差編年作業を主目的に注目される傾向があり，この現象の背後にある人間集団の関係や共存による文様の動態などを明らかにする作業は緒についたばかりといえよう。その意味で，佐藤氏の提起した問題を今日的課題に照らし，編年作業のみを目的とした土器論からの脱却が望まれるのである。

ここでは，房谷戸遺跡出土土器に見られる，異系統文様の共存と文様の変化を概観し，該期の文様間の交渉の様相を窺うこととしたい。

1 異系統土器群の共存

房谷戸遺跡20号住居址を注目してみよう。南側斜面に位置した住居址であり，重複する22号住を切る新旧関係で確認された。円形の平面形で四本の主柱穴と地床炉が検出された。出土遺物は，図1に抽出したように特色ある個体が伴出している。1は阿玉台Ⅱ式。波状口縁を呈し，頸部に波状沈線を巡らす素文帯を設ける。体部文様帯は，隆線による縦位波状懸垂文が対称に配され，近接することによって楕円状に近い文様構成を取っている。2は，筆者が「新巻類型」[3]として分類した一群の土器である。平縁の個体もあるが，4単

位の波状口縁を呈し，口縁部と体部の文様帯を隆線で分帯する。勝坂式のように区画文は発達せず，また阿玉台式に見られる体部懸垂文も独立せず，環状突起などを中心とした「反転する隆帯懸垂文」状の構成を取ることが多い。地文に縄文を施す手法も，該期の阿玉台式・勝坂式には定着していない。3は，報告では勝坂式と判断した土器であるが，従来の中部山岳地域や南関東地域の勝坂式とは顔付きに大きな隔たりがあろう。いわゆる截痕列を施す新道系土器群であり，勝坂式のような横帯構成ではなく，「懸架状区画文」[4]を主構成とし，区画内をさらに小区画する特徴を持つ。1対が欠損するが，2対の橋状把手を持たせる。

このように，房谷戸遺跡20号住では複数の特徴的な土器群が伴出しており，佐藤達夫氏が指摘した「一遺跡に多数の型式が共存する場合」とされた現象が把握できよう。房谷戸遺跡では，この他にも異系統土器群同士の共存例が見られ，縄文時代中期における，利根川上流域の土器とその文様様相を考える際に重要な観察項目となっている。ただ，この現象は房谷戸遺跡のみならず，群馬県域の中期中葉の遺跡では通常の様相として捉えられており[5]，当地域と周辺の他地域との相互の関係の強さを窺い知ることができよう。

次に，この異系統土器群の共存によって，各々の土器文様に具現化した変化を概観するが，とくに20号住出土土器に顕著な体部文様における懸垂文とその変化のあり方を中心に考えてみたい。

2 異系統文様の共存

勝坂式の体部文様は横帯文を基本とし，阿玉台式は懸垂文を主な文様構成としている。無論，これは概括的な把握であり，この基本に当て嵌まらない土器群も存在する。房谷戸遺跡出土土器の多くも図1のように，通常の横位・縦位といった基本構成からは理解できない文様構成を示す土器が出土している。ここでは，この基本構成が顕著に現われる体部文様に着目し，この体部懸垂文構成

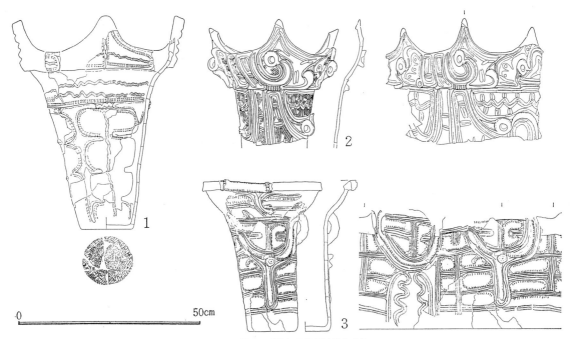

図1 房谷戸遺跡20号住居址出土遺物

に見られる，異系統文様の共存を示してみる。

a）区画化する懸垂文 阿玉台式土器は懸垂構成の文様が知られる。懸垂文の形態は，単純に垂下する形態のものや，「Y」字状や縦位波状を描く複雑なものもあり多様性に富む。その文様の割り付けは波状口縁に呼応するように正四単位をとり，整った器面分割を果たしている。しかしながら，図1—1に見られるように相向かう波状懸垂文を連接させることによって，楕円状の区画文を意識した効果を見せる例もある。図1—1の波状懸垂文は連結していないが，連結して完全に区画文化した例も多く，阿玉台式土器における体部文様の単位文化・区画文化は，懸垂文の連結あるいは融合によって果たされたものと理解できよう。

つまり，楕円状区画文は勝坂式土器に特徴的に採用される文様構成であり，阿玉台式土器の波状懸垂文を連接・連結して楕円状となる文様構成の方法は，阿玉台式が勝坂式の文様構成を意識した手法として考えられよう。

この他にも房谷戸遺跡では，異種懸垂文を組み合わせることによって，区画文や単位文を表現する例，横位刻み目列を多段に施し，体部文様を横帯区画の効果に意図する例も見られる。これらの阿玉台式土器の文様構成の特徴は，阿玉台式の文様を用いて異系統の土器文様を意識した文様構成手法として位置付けられる[6]。換言すれば，安定した（手慣れた）文様によって，異系統文様を受容する現象として捉えておきたい。

b）反転する懸垂文 かつて筆者が提示した，「新巻類型」の主幹モティーフに反転する隆帯懸垂文（巴状モティーフ）[7]がある。図1—2の口縁部や体部文様帯でも，円環状や眼鏡状突起を中心に平坦面を持つ隆帯が弧状を描き，反転して全体に巴状を描くモティーフを配している。この反転する隆帯懸垂文は，阿玉台Ⅰb式段階・狢沢式段階の体部文様に見られる渦巻き文，円環状突起を持つ垂下懸垂文，さらにクランク状懸垂文が変化したものと予測できる。巴状のモティーフを単位文として独立配置する土器もあり，勝坂式に見られる文様構成にも近似した様相を見せる。

しかしながら，モティーフは横位に連結しながらも，下端より隆線が懸垂する特徴を持ち，全体的な印象としては懸垂文構成を取る。つまり，体部下端へ開放する文様構成であり，勝坂式に見られるような体部下半の横位一次区画線を設け[8]，体部文様を「パネル」装飾としての単位文化はしないのである。

一方，文様要素として隆帯間のアクセントに勝坂式で多く用いられる眼鏡状突起を付し，地文には勝坂式や阿玉台式には少ない縄文を施している。また，蛇行する隆帯間に生じた空白部に短沈線や横位波状沈線を施文する手法は，小区画文を

意識したものとも捉えられ，懸垂文構成内に小区画文を埋める手法が，この反転する隆帯懸垂文構成の土器群に顕著であることが確認できよう。

「新巻類型」は，懸垂文構成であること，波状口縁四単位という阿玉台式の要素を強く内在しながらも，隆帯間を小区画し，眼鏡状突起を付し，さらに縄文を施す手法は，多くの系統の要素が混在した土器文様といえよう。すなわち，この土器は異系統土器群との接触が頻繁な様相の上に成立し，安定した類型として，当地域の該期土器群の中に一隅が与えられていたのである。

　c）区画文の効果を持つ懸垂文　前述のように図1—3は勝坂式あるいは新道式の系譜と考えてきた土器である[9]。截痕列を施す小区画文が配列し，頸部に橋状把手が付される要素は，利根川上流域の新道系土器群の特徴である。しかし，この資料も体部文様の主描線は横帯構成ではなく懸垂文構成に近い。筆者はこの懸垂文構成を重視して，aで述べたように懸垂文の融合による変化として捉え，懸架状区画文を配する土器群として位置付けた経緯がある[10]。aで挙げた図1—1は縦位波状懸垂文の連接によって，楕円状の区画文意識を考えたが，図1—3のような懸架状区画文は，「Y」字状・逆「V」字状の懸垂文の連接・融合によって区画の効果を持たせたモティーフとして考えた。つまり，懸架状区画文は区画文でありながら，阿玉台式の懸垂文構成を意識した文様として捉えられ，区画文そのものに異系統の要素が内在する現象としたのである。さらに，この懸架状区画文には，懸垂文も下端に連続し，主描線による区画文と懸垂文の共存も看取できよう。

本資料を新道系土器群の系譜に置くならば，製作者が区画文を配する段階で，懸架状区画という阿玉台式に傾斜した区画文を充て，異系統文様との共存を図った文様構成として考えられよう。

3　今後の課題

房谷戸遺跡では，多くの異系統の土器群が伴出している。これは，佐藤達夫氏の「一遺跡に多数

の型式が共存する場合」であり，かつ個々の土器にも氏の言う「一個体の土器に異系統の紋様が施される場合」が認められるのである。ここでは，この現象を把握するために，特徴的な土器群に対し「異系統文様の共存」とその影響を捉える目的で，体部文様の懸垂文構成を分析してみた。

その結果，安定し秩序化されたかに見える阿玉台Ⅱ式土器においても，異系統文様への志向が看取され，2・3のような複雑な文様構成を呈する一群も，この異系統の土器群や異系統文様の共存によって，発生・変化を重ねた様相を指摘した。

この背景には，当地域の地理的な要因として，他地域の土器文化との接触あるいは交渉が想起され，縄文時代中期中葉における各土器群と集団のさまざまな相互関係を考えざるを得ないだろう。今回は，阿玉台式の懸垂文構成から見た「異系統文様の共存」例を考えたが，今後は，周辺地域の土器群，例えば勝坂式や大木式の文様構成，さらに千曲川流域の該期土器群の様相も加えた分析が必要であろう。

　註
1)　小野和之・山口逸弘『房谷戸遺跡』Ⅰ，群馬県埋蔵文化財調査事業団（以下，群埋文と略す），1988
2)　佐藤達夫「二　土器型式の実態—五領ケ台式と勝坂式の間—」『日本考古学の現状と課題』吉川弘文館，1974
3)　註1)Ⅵ章考察3および，山口逸弘「『新巻類型』と『焼町類型』の文様構成」土曜考古，16，土曜考古学研究会，1991
4)　山口逸弘「群馬県における阿玉台式の諸様相」研究紀要，7，群埋文，1990
5)　群馬県内では例えば，新巻遺跡（塚田1964ほか）や三原田遺跡（赤山1991）で顕著である。
6)　註4)に同じ。
7)　谷井　彪「勝坂式土器の変形にかかわる二三の要素」『埼玉考古学論集』埼玉県埋蔵文化財調査事業団，1991，および註1)・3)
8)　山口逸弘「大和田遺跡出土の中期縄文土器」群馬考古学手帳，Vol.3，群馬土器観会，1992
9)　山口逸弘「新道系土器群の変容過程」研究紀要，9，群埋文，1992
10)　註4)に同じ

新潟・五丁歩遺跡

新潟県埋蔵文化財調査事業団
■ 寺崎 裕助
（てらさき・ゆうすけ）

群馬県境に近い新潟県塩沢町の五丁歩遺跡は縄文中期前半の環状
集落で，出土土器は在地系，北陸系および関東系に３大別される

1　遺跡の概観

　五丁歩遺跡は，群馬県境に近い新潟県南魚沼郡
塩沢町大字舞子他に所在し，標高約 260m の扇状
地端部に位置する。発掘調査は昭和58〜59年にか
けて行なわれ，径 60m あまりの縄文時代中期前
半の環状集落跡であることが判明し，その全容が
明らかにされた[1]。

　集落構造は，住居跡群の内側に墓と思われる土
壙群がめぐり，中央部は広場となる。そして，住
居跡群の外側にフラスコ状土坑があり，外周部は
廃棄場となっている。住居跡は，いわゆる竪穴住
居跡と長方形の柱穴配置をとる住居跡とが認めら
れた。土器は，周辺各地の影響を受けた在地色の
強いものが出土しているほか，関東地方に近いこ
ともあってか，勝坂式土器や阿玉台式土器が新潟
県としてはかなり出土している。なお，この集落
跡の存続期間はそれほど長くはなく，大木７ｂ〜
８ａ並行期と考えられる。

2　出土土器の概要と特徴

　五丁歩遺跡から出土した土器は，在地系・北陸
系・関東系に３大別され，さらに在地系は，地文
に縄文を持たない隆帯系列と縄文を持つ縄文系列
に２分される。また，関東系も勝坂式系と阿玉台
式系に２分される。そして隆帯系列は９系列に，
縄文系列は15系列に細分される[2]。

　これらの土器を系統別にみると，在地系が圧倒
的に多く，次いで北陸系，関東勝坂式系，関東阿
玉台式系の順となる。北陸系は浅鉢形土器に多
く，その半数以上を占めている。在地系土器は，
隆帯系列約４割，縄文系列約６割で構成され，隆
帯系列ではⅠｂ・Ⅲａ・Ⅲｂ，縄文系列ではⅠ・
Ⅱａ・Ⅴ・Ⅸ・ⅩⅠａ・Ⅻが目立つことから，これ
らの系列が在地系土器の主流になるものと考えら
れる。

　次に，主流となる土器群の文様構成やその類例
などについてみていきたい。

　隆帯Ⅰｂ系列（図−2）　口縁部文様帯は狭く，
胴部文様帯は切れ目のない縦構成である。隆帯上
や沈線部分にはキザミ目はほとんど施されない
が，眼鏡状把手が必ずといってよいほど付されて
いる。器形は，上端が「く」の字状のキャリパー
形を呈するものが圧倒的に多くみられる。新潟県
内では，堀之内町清水上遺跡[3]・小千谷市徳右ェ
門山遺跡[4]・中里村森上遺跡[5]などで類例が認め
られる。しかし，群馬・長野の両県および福島県
では，若干類例が認められるにすぎない。このこ
とから，この系列は新潟県の魚沼地方に分布の中
心を持つ土器で，五丁歩遺跡を特徴づける土器と
みることができる。

　隆帯Ⅲａ系列（図−8）　文様区画内に斜行の
細沈線を多用し，眼鏡状把手や人字状突起を付す
もので，群馬県の「新巻類型」[6]と類似性が強い
土器である。新潟県内では，五丁歩遺跡以外ほと
んど類例が認められていない。

　隆帯Ⅲｂ系列（図−7）　沈線部分にキザミ目
または有節沈線を施すなど，文様要素の一部に阿
玉台式土器の影響がうかがわれる土器である。口
縁部形態が斜行沈線文土器と共通するものも認め
られる。

　縄文Ⅰ系列（図−6）　沈線部分にキザミ目また
は有節沈線文を施し，幅広・扁平な舌状隆帯や眼
鏡状把手を持っている。いわゆる「新巻類型」，
「プレ焼町」[7]などとされている土器に類似し，長
野県南〜東部・群馬県北部で類例が多く認められ
る。新潟県内では，五丁歩遺跡以外は類例が少な
く，六日町上の台Ⅱ遺跡[8]，中里村森上遺跡，長
岡市山下遺跡[9]などでわずかに出土しているにす
ぎない。

　縄文Ⅱａ系列（図−11）　口縁部に隆帯による楕
円区画を持ち，胴部は縄文のみの土器である。器
形は，上端が「く」の字状のキャリパー形を呈す
るものがほとんどである。新潟県以外における類
例は少ない。

　縄文Ⅴ系列（図−10）　隆帯上に爪形文を施す土

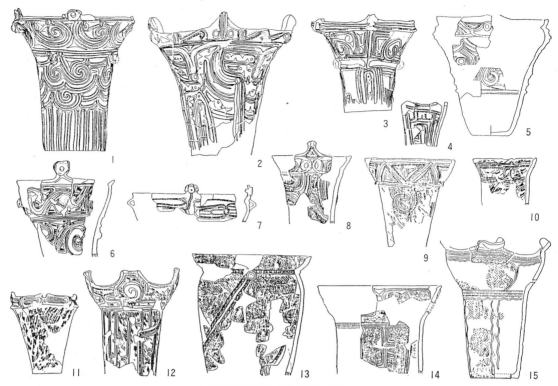

五丁歩遺跡出土土器 (縮尺不同)

器で，中には文様構成において北陸地方の新崎式土器に類似するものもある。

縄文Ⅸ系列（図—13） 連鎖状隆帯を持つ土器で，器形は頸部がくびれて胴部上半がやや膨らむものが目立ち，その法量は比較的大きい。五丁歩遺跡ほどまとまって出土している遺跡は少ない。

縄文ⅩⅠa系列（図—14） 胴部の文様区画が縦割りを基本とする土器で，横または縦の沈線が連続せずに途中でとぎれ，端部が直角に曲がっている。この文様は，いわゆる大木7b式系の土器にまま認められる。

縄文ⅩⅡ系列（図—15） 沈線で文様を描き，鋸歯状の沈線文が比較的目立っている。縄文ⅩⅠa系列と同じく大木7b式系の文様を持つ土器である。

この他主系列とはならないが，注目すべき系列として，隆帯Ⅰa・Ⅱa・Ⅱb・Ⅴ系列，縄文Ⅵ・Ⅷ系列がある。

隆帯Ⅰa系列（図—4） 半截竹管や細い単沈線で文様を描く小形の土器で，群馬県房谷戸遺跡の第Ⅵ群土器[10]に類似する。

隆帯Ⅱa系列（図—3） 口縁部第1文様帯は隆帯Ⅰb系列と共通点が多く，口縁部第2文様帯は起隆帯による渦巻文を基本とする。火焰型土器と類似する文様構成を持つ土器であるが，新潟県内では類例はそれほど多くはない。むしろ福島県方面で類例を多くみることができる。

隆帯Ⅱb系列（図—1） 口縁形態が平口縁と波状口縁に2分される。口縁部文様帯は，斜方向に下る渦巻文を基本とする新潟的な文様割り付けの土器で，新潟県〜福島県方面に類例が多く認められる系列である。

隆帯Ⅴ系列（図—5） 胴部下半に横位区画をもつことを大きな特徴とする土器である。長野県の「焼町式土器」[11]の多くを占めており，新潟県内では五丁歩遺跡以外ほとんど認められない。

縄文Ⅵ系列（図—12） 台形様の大波状口縁を持つ土器である。このような波状口縁を持つ土器は，関東地方の阿玉台式期や東北地方の大木7a〜7b式期にかけて認められるが，縄文を有するものは大木7b式土器と関連が深いといわれている。

縄文Ⅷ系列（図—9） 口縁部に沈線または隆帯による三角形区画を持つ土器で，関東地方の勝坂式土器の文様区画の影響を受けたと考えられる。新潟県では北・南魚沼地方で類例が知られて

58

いる。

以上が主系列および注目系列の特徴であるが主系列の広がりは，新潟県内では魚野川と信濃川の上流域を中心としており，中でも魚野川流域が目立っている。注目系列では，福島県，長野県を中心に類例が知られているものが多い。なお，文様の構成や要素は，周辺各地のものが部分的に取り入れられている。

3 出土土器の編年

出土土器の時期については，中期前葉の大木7b並行期から中葉の大木8a並行期に比定されている[12]。この枠組みについては，大幅な変更はないものと考えられるが，時期がある程度明確な住居跡出土の土器，同じ魚野川流域に所在しなおかつ類似資料がかなり出土している清水上遺跡の状況，文様からうかがえる情報などを手がかりに主系列を中心に土器群の編年的位置を再認識してみると次のようになるものと考えられる。

まず主系列であるが，隆帯系列ではIbが大木8a並行期，IIIa・IIIbが大木7b並行期に，縄文系列ではI・V・XIIが大木7b並行期，IIaが大木8a並行期にそれぞれ比定される。また，縄文系列IX・XIaは疑問符がつくが大木7b並行期としたい。その他の系列では，隆帯系列IIa・IIb・Vが大木8a並行期，縄文系列VI・VIIIが大木7b並行期に比定される。隆帯Ia系列については多少疑問があるが，現時点では大木7b並行期としておきたい。ただ，これらの土器は，五丁歩遺跡周辺の状況からみて大木8a並行期の新段階までは下らないものと考えられる。

4 小 結

五丁歩遺跡から出土した土器群は，隆帯系列Ib・IIIa・IIIb，縄文系列I・IIa・V・IX・XIa・XIIといった深鉢形土器を主体に構成され，大木7b並行期と大木8a並行期に細分される。そして文様は，バラエティーに富み，複雑であり，個性が強いが，その構成や要素の一端に東北・関東・中部高地方面などの影響が認められる。また，胎土は砂っぽく，色調も赤っぽい。

このようなことから五丁歩遺跡の土器は，これまで知られていた新潟県の土器とは異なった雰囲気の土器であり，類似する土器は新潟県内では魚野川，信濃川上流域，周辺地域では群馬県北部，長野県中・東部といった山間地を中心に認められる。とくに新潟県では同じ流域のやや下流で，新潟平野の出口に位置する長岡市周辺の土器と好対照をなしており，その背景には山間地対段丘・丘陵地といった生活環境の差があったとも考えられている[13]。

しかしいずれにせよ，五丁歩遺跡のような土器が主体となって出土する地域は，馬高式や勝坂式など従来から知られている土器を主とする地域とは一線を画する地域である。そしてそこには，他とは異なる集団が自らの主体性を確立し，独自の思考や行動を展開したものと考えられる。

註

1) 高橋 保ほか『五丁歩遺跡』新潟県教育委員会，1992
2) 註1）に同じ
3) 高橋 保ほか『清水上遺跡』新潟県教育委員会，1990
4) 羨 繁治ほか『徳右ヱ門山遺跡』小千谷市教育委員会，1987
5) 金子拓男ほか『森上遺跡発掘調査概報』中里村教育委員会，1974
6) 山口逸弘『房谷戸遺跡I』群馬県埋蔵文化財調査事業団，1989
7) 赤山容三ほか『三原田遺跡』第2巻，群馬県企業局，1990
8) 新潟県『新潟県史』資料編1―原始・古代―，1983
9) 長岡市『長岡市史』資料編1―考古，1992
10) 註6）に同じ
11) 野村一寿「塩尻市焼町遺跡第1号住居跡出土土器とその類例の位置づけ」『中部高地の考古学』II，1984
12) 註1）に同じ
13) 註1）に同じ

千葉・西広貝塚

市原市教育委員会
■ 近藤　敏
（こんどう・さとし）

縄文後期全般にわたって連続的に貝層が形成された西広貝
塚では九州の阿高式土器に類似の赤彩土器が出土している

1　遺跡の位置と環境

西広貝塚は，千葉県市原市大字西広（国分寺台区画整理用地）に所在し，東京湾東岸の下総台地上に位置する。貝塚は市原台地南辺部標高 42m 前後にあり，西側は養老川沖積平野に面し，比高差は約 30m ある。また西方向東京湾を隔てて，丹沢山地の大山越しに富士山を見ることができる。しかし，縄文時代にこの貝塚を形成した集落の人人が使用した交通路は，北方向の海岸平野にある白旗川からの市原台地侵刻谷の分岐谷ではないかと考えられる。西広貝塚は台地小支谷と中小河川の沖積平野との分水界に位置し，また分水界上の尾根道を南下すると太平洋側に流れる一宮川との分水界の峠に通じ，交通の要所[1]であった可能性が高い。

西広貝塚[2]は，貝層範囲は南北 150m，東西 130m の環状を呈し，縄文時代中期後半から後期を経て，晩期中葉までほぼ連続して集落が存在した。貝層は縄文後期全般にわたって連続的に形成されており，骨角貝製品が豊富に出土している[3]。

2　西広貝塚出土赤彩土器

西広貝塚第 4 次調査[4]時の，西側斜面貝層の 46 区・Q－R 断面中第40層に検出した土器が図 1 の①である。出土した貝層は堀之内 1 式期を基層として，その上に堀之内 2 式期から加曽利 B 式期の貝層が堆積する。土器は層下面にあり潰れた状況で検出され，まとまりよく底部はすべて残り，胴部口縁部は約 2/3 が遺存していた。第40層に相当する付近の包含層からは，ほぼ完形の堀之内 1 式古段階の深鉢が出土している。西広貝塚 1 次調査の報告では，加曽利 E 4 式期および称名寺式期の遺物・遺構が報告[5]されているが，4 次調査ではその時期の遺構・遺物は検出されなかった。つまり第40層は，堀之内 1 式期でも古期にあたると考えられる。

①は底部はほぼ円形を呈するが，器形は胴部の最大幅では楕円形を呈し，口縁部はやや内湾し大小一対ずつの波状口縁となる浅鉢である。口縁部に二対の補修孔があり上段の一対は貫通し，下段の一対の右は表裏凹状であるが貫通しておらず，左は表のみ凹状になっている。底部は使用によってすり減り，やや角が丸くなっている。口唇部は角がやや丸い角棒状を呈し，大きい波状口縁部の口唇上にはヘラ状工具によるとみられるキザミが 7 ヵ所あり，キザミの断面形は浅い半円形となっている。小さい波状口縁部の口唇上にも 1 ヵ所同様のキザミが入り，反対側と一対をなしている。

器面はナデ調整され平滑で整っており，内部調整も同様である。また外側器面は，胴下半部・底面と沈線部分を除き赤彩されている。内部は口唇部のみ彩色がおよんでいる。文様は口唇部のキザミと同じヘラ状工具を使用し，キザミよりやや深く施紋している。文様は大きい波状口縁部に，上下逆ｍの字状の区画を沈線によって作出している。その下，胴部文様も同じ方法によって上下逆ｍの字を重ねており，広い胴部に上下逆のｍの字紋を180°回転させてｍの字と重ね一体の文様としている。小波状面は，大波状面と同様の手法によってロの字状の区画を中央に縦位に作出し，向かって左側にコの字状の区画を配し，反転した同じ区画の左右逆コの字紋を右側に作出している。沈線は太く深い断面半円形をしており，意匠効果として沈線を重視するのか，沈線に囲まれた区画を強調しているのか意見の分かれるところではあるが，この土器の赤彩が沈線を避けていることで，区画文様を意図していると考えたほうが妥当であろう。

この土器の胎土は明赤褐色を呈し，黒色，茶色チャートの 1mm 角ほどの砂礫が多く混じる。焼成はよく，脆さは感じられない。在地の土器の胎土ではないようだ。

①の土器の赤彩に使用した顔料を成瀬正和氏に成分分析[6]をお願いしたところ，蛍光 X 線分析および X 線回折の結果，赤色硫化水銀であることが

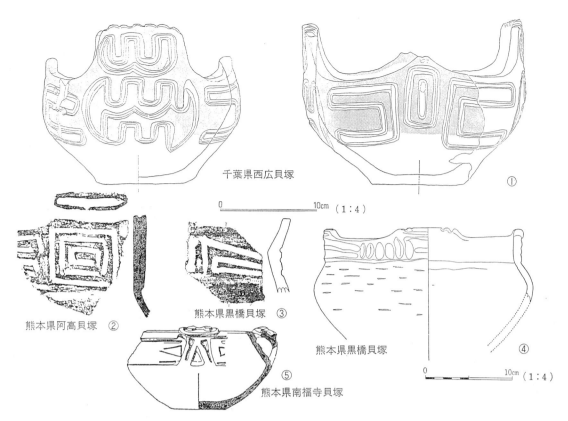

図1 西広貝塚出土赤彩土器と九州の土器（①の網点部分は赤彩）

わかった。つまり朱，辰砂といわれるものである。また，西広貝塚7次調査の605号住居跡から検出された赤彩された貝には，ベンガラの他に朱が同様な分析方法で検出された[7]。605号住居跡の堀之内1式期であることの明確性，そして出土状態からベンガラと水銀朱の使用が，同時期におこなわれたことは確かなことであろう。そして，水銀朱の使用が西広貝塚においては，縄文後期前半でも非常に早い時期に使用されていたことを物語っている[8]。

3 赤彩土器の出自について

図1—①の赤彩土器については，関東地方では出土した類例がない。九州地方の阿高式に似ていることは研究者から指摘されていたが，時期と距離に問題があった。しかし様式においては，縄文後期前半までは阿高様式の伝統は継続され[9]，類似の土器型式があることを知らされた。図1—②は熊本県阿高貝塚出土の口縁部片である。③は熊本県黒橋貝塚[10]の東貝塚採集の口縁部片である。④は同じく黒橋貝塚出土の器形推定が可能な土器片である。①と②～④は，施紋方法，口唇部形，口唇部のキザミ，文様構成と器形が類似する。⑤は熊本県南福寺貝塚出土土器[11]として紹介された土器であり，この貝塚は南福寺式の標式遺跡である。黒橋貝塚は阿高式土器のみの包含層と，阿高・南福寺式土器を含む包含層があることが，調査によって明らかになりつつある[12]。また，黒橋貝塚では福田K2式の出土も報告されており，関東地方と九州地方を繋ぐ地域として，中国，近畿地方の在地土器と関東地方の非在地土器の出土も検討しなければならない。

4 西広貝塚近隣遺跡出土の非在地系土器

中津・福田KⅡ式土器様式は，汎西日本的土器圏の成立母体となっている[13]。中津・福田KⅡ様式の遺跡分布範囲は，九州，中四国地方近畿圏，富山，岐阜，愛知県地方まで及ぶ西日本のほぼ全域である。そのなかでも九州地方の中津式などの土器は，後半になって出土検出されはじめ，客体的存在から在地化するのは終末の段階とされている。

西広貝塚から南東方向へ3km尾根道を上った場所に市原市武士遺跡がある。武士遺跡からは，

61

711・712号土坑出土の関西系土器群が報告された[14]。それに共伴関係にある土器群は，在地の称名寺式のおおむね終末段階に位置づけられるものとしており，関西系土器が中津式の範疇に該当すれば，同時併存関係と考えられている。武士遺跡も西広貝塚と同じ養老川水系の分水界に面し，一方北は白旗川支谷，もう一方東は村田川水系の支谷となり貝塚を形成している。

菊間手永貝塚は，現村田川の海から遡上すると最初に台地にぶつかる所にあり，貝塚形成当時は海浜部の砂堆後背湿地のラグーン背後の台地上に位置していた。集落の成立は縄文後期の堀之内1式期からで，断続的ながらも縄文晩期中葉の前浦式期までの住居跡が存在する。堀之内1式期に形成されたと考えられる南側斜面貝層部から，福田K2式に相当する口縁部破片が1点採集された[1]。福田K2式土器片は，千葉県市川市堀之内貝塚[15]，東京都大島町下高洞遺跡[16]からも検出されており，近年出土例が増している。下高洞遺跡は伊豆七島の大島にあり，海上交通経路の実際を示している[17]。

菊間手永貝塚には，西日本系土器群のほかに北日本系土器群が採集されている[1]。入江・十腰内式土器様式[18]と呼ばれるその一群は北海道渡島半島から東北地方北部地域に分布している。また西広貝塚の北方向1.3kmの同じ台地上には祇園原貝塚があり，土坑内から十腰内1式に相当するほぼ完形の壺形土器が出土している[1]。千葉県内では千葉市有吉北貝塚に馬高式系統土器[19]，九十九里沿岸北部の横芝町東長山野遺跡[20]では仙台湾地域の大木式系統の土器群が数多く報告されており，縄文中期後半も非在地系土器の事例が多くなってきている。

5 まとめ

千葉県のように貝塚遺跡が多く，海産物の捕食が実体として把握できる場合，集落を形成していた人々が海浜部へ交通経路を有していたと考えるのは自然である。そして貝塚遺跡の立地が海へ続く河川，もしくは河川につながる支谷にあれば，それは海産物を運搬する手段として丸木舟使用の水運を推定してよいのではないか。交易によって確保しなければならない非現地性のものは，石材・朱など存在し，それらは運ばれたものだろう。それと同時に土器も運ばれたと推定される。

註・引用参考文献

1) 近藤　敏「市原市内の非在地系土器」市原市文化財センター研究紀要，Ⅱ，1993

2) 上総国分寺台調査団「西広貝塚」『上総国分寺台調査報告書Ⅲ』1977

3) 忍澤成視「縄文時代後・晩期の装飾観念」市原市文化財センター研究紀要，Ⅱ，1993

4) 近藤　敏「西広貝塚第4次調査—後期貝層の形成と構造」『上総国分寺台調査概報』1983

5) 牛沢百合子「第12章　貝層の形成」『西広貝塚』上総国分寺台調査団編，1977

6) 成瀬正和氏に1992年に分析をお願いした。公表は1)と同じ。

7) 成瀬正和氏に1992年に分析をお願いした。公表は3)と同じ。

8) 成瀬正和氏からご教授。公表されている資料では水銀朱の使用では最も古い。

9) 小林達雄「縄文土器の様式と型式・形式」『縄文土器大観』4巻，1989

10) 西田道世ほか「黒橋」『熊本県文化財報告第20集』熊本県教育委員会，1976

11) 坪井清足「南福寺貝塚」『図解考古学辞典』第11版，東京創元社，1979

12) 野田拓治「熊本県黒橋貝塚」季刊考古学，41，1992

13) 玉田芳英「中津・福田KⅡ式土器様式」『縄文土器大観』4巻，1989

14) 加納　実「縄文時代後期・関西系土器群の新例」『千葉県文化財センター研究連絡誌』1994

15) 領塚正浩ほか「堀之内貝塚資料図譜」『市立市川考古博物館研究調査報告』第5冊，1992

16) 大島町教育委員会編『下高洞遺跡』1984

17) 橋口尚武「東西文化の接点—後期・晩期」『島の考古学—黒潮圏の伊豆諸島』1988

18) 成田滋彦「入江・十腰内式土器様式」『縄文土器大観』4巻，1989

19) 上守秀明「整理だより①遺物が語る人と文化の交流」『貝塚博物館郷土史講座資料』1994

20) 小川和博ほか「東長山野遺跡」『東・北長山野遺跡』北長山野遺跡調査会，1990

（遺物は市原市埋蔵文化財調査センターに保管されています。）

東京・大森貝塚

東京都埋蔵文化財センター
安孫子 昭二
（あびこ・しょうじ）

関東は奥東京湾を境に土器様式が異なり東関東と西関東に分かれる。
大森貝塚は西関東地域集団の貿易港ともいえる役割を担っていた

1 土器様式の分析の視点

　山内清男氏により加曽利B式の具体的な内容が示されたのは，『日本先史土器図譜』（山内 1939）においてである。ここで設定された古い部分・中位の部分・新しい部分の三分案を，後年の研究者は，加曽利B1・B2・B3式によびかえて基準資料としてきた。大塚達朗氏は，本誌17号の「型式学的方法―加曽利B式土器」（大塚 86）でこの山内氏の示した標本資料を振り返り，おおよそ次のように学史を整理されている。

　――B1式は，「全体の構成」を理解する上で基本となる資料が揃っており，B1式自体の変遷を理解する上で重要な土器が網羅されている。B2式は，「斜線を加えた特有の文様帯が一つの特徴」をなす土器は多いものの磨消縄紋土器を欠落させ，「全体の構成を示す」べき形では資料を揃えていない。B3式は，器形上・紋様上の特徴が略述（「丸底の皿，深鉢形が著名となり，深鉢形には頸の分立した底の小形のものが多くなる。装飾も異なって来て，磨消縄紋は帯状又は弧線を中心としたものを主とするに至る。そして曽谷式及安行式前半に続く幾多の器形装飾の胚胎を見る」）されるだけになっている。したがって，その後さまざまな解釈がとくにB2・B3式を巡って輩出しているのは無理からぬことである。最近ではB1式までも雲行きが怪しくなっている始末である。――

　換言すれば，山内氏のB1式は土器組成と文様の特徴を網羅した必要十分条件を備えているのだが，B2式は下総地域の偏った器種構成と文様で組まれているものを，そのままB2式と理解してしまう危険性をはらんでいる。必要な条件は備えているにしろ，十分な条件が備わっているかはわからないのである。またB3式は，磨消縄紋が文様の主体をなすらしいという文面だけが頼りであったから，大塚氏の先の指摘も道理であった。

　山内氏のB2・B3式に対する型式学的研究の視点は紋様重視にあったから，「常南総北」の「斜線を加えた特有の文様帯」で一律に西関東のB2・B3式土器を見ようとする場合，幾分の矛盾を来すことになる。このことは大森貝塚の土器をして，「特に加曽利B2式が最も多く，他に少量加曽利B1式，安行1式，安行3式等がある」（山内 66）とし，B3式の存在は見逃されることになったのである。否，大森貝塚のB3式は，B2式の範疇に組み込まれざるを得なかったというべきであろう。

　この山内氏の加曽利B式編年に疑問を感じたのは，東京都平尾・鶴川M遺跡の資料整理を通してのことである（安孫子 71・72）。B1式の標識的な存在である精製深鉢（3単位突起深鉢）の系統が，『図譜』のB2式ではなぜ取り上げられないのか不思議であった。大森貝塚に代表される西関東では，器形や突起形態，文様，施文手法などが多少ずつ変化しながら，加曽利B様式の全期間にわたり存在することを知った。この深鉢は，新しくなって体部文様が羽状沈線に変わり，突起も量感を失い平板化し，喪失すると，精製深鉢から粗製深鉢の機能に交代する。そこで，この組列を加曽利B様式の標準型式（タイプ）として，体部にくびれが生じた段階をB2式，体部文様が羽状沈線に変わった段階をB3式，そして突起が外れて平口縁の粗製深鉢に転じた段階（新たな精製深鉢が用意されたはず）から高井東様式とした（安孫子 82・88）。

　こうした筆者の型式観が，山内氏の型式学的研究法を学ばれた鈴木正博・大塚達朗の両氏に相いれない部分のあることも止むを得ない事情である。「斜線を加えた特有の文様帯」はB2式と念頭にある大塚氏は，3単位突起深鉢・第Ⅶ段階（平尾遺跡例）も第Ⅵ段階（東谷遺跡例）と同じ段階と考えた（大塚 83）。山内氏の大森貝塚観に加曽利B3式が含まれないことにこだわる鈴木氏は，第Ⅶ段階をB2式とすると，第Ⅳ段階から第Ⅵ段階までのB1式からB2式の間の型式が空白となるため，1―2式とした（鈴木 80）。

　ともあれ加曽利B様式の長期にわたる変遷が3

単位突起深鉢の組列から読み取れるが，東関東ではB2式の途中からこの深鉢が姿を消してしまう（別の精製深鉢が選択されたはず）。加曽利B式の型式設定が東関東の地にある以上，この3単位突起深鉢の組列に代表される西関東の土器様式も加曽利B様式と呼ぶのでは，いかにも不都合といえる。鈴木氏はこの観点から，第Ⅵ段階を大森1式，第Ⅶ段階を大森2式，そして東関東の加曽利B3式に相当する西関東の土器を大森3式とされた（鈴木 80）。

　しかし筆者の考える第Ⅶ段階は加曽利B3式に相当するから，大森2式と3式が重複することになる。また粗製深鉢は，B1式段階から東関東と西関東の間で違いが認められるから，加曽利B様式の一部だけを大森式とするのでは，双方の型式の違いを整合させようとする場合に説明し難い。そこで，鈴木氏の大森1・2・3式を一旦は棚あげにして以下につなげたい。

　東関東の加曽利B様式に対応する西関東の土器様式を設定しようとする場合，研究史上でも薄手式土器の代表として大森式（八木・下村 1894）と呼ばれたこともあり，また資料の充実からもふさわしいのは大森貝塚であるから，「大森様式」と呼ぼう。そこで，加曽利B様式の古・中・新に対応させる意味では，大森1・2・3式としたほうが混乱しない。また鈴木氏の研究により東関東の加曽利B様式の細かな変遷と地域差がかなり明らかにされてきたいま（鈴木 81・84・87），加曽利B1・1—2・2・3式に対応させるならば，大森1・1—2・2・3式とするべきであろう。しかし1—2・2式は山内氏の設定した2式の範疇であるから，むしろ2—1・2—2式として2分すべきである。したがって，西関東の加曽利B様式は，大森1・2—1・2—2・3式と呼ぶこととしたい。

2　後期中葉の土器

　ここではモースが報告した報告書（E. S. モース 1879）の中から，加曽利B様式の時期にしぼって，大森貝塚の変遷と地域間の交流を見てみたい（編年図参照）。

　まず西関東系の編年の指標となる3単位突起鉢を見ると，大森1式には，東関東にも共通する1・2があり，2—1式には12・13・14がある。12は東関東でもわずかにあるが，この段階を以って途絶する。2—2式の26は把手が最も発達して，体

部文様は縄文施文部が器面調整の箆削り痕のまま残される。この手法は29の体部文様にも共通する。3式の42になると，12から踏襲されてきた体部の文様構図が廃止され，羽状沈線で被われるようになり，43になると把手の立体感が失われ平板化する。やがてその把手も消滅して粗製深鉢に転じると，呼応して新たな精製深鉢が成立し，様式が交代する（安孫子 93，「高井東様式大波状口縁深鉢」の変遷と分布）。大森貝塚の変遷はおおよそこの器種のあり方から理解できる。各時期の遺物量も加味して遺跡の形成を見ると，1式はまだ少なく，2—1・2—2式が最盛期，3式になるとやや下火になるようである。

　一方，粗製深鉢には1式の当初から東・西関東の地域差が認められる。1式には西の4と東の5の違いがあり，同じく2—1式には15と16，2—2式には27と28の違いがあるが，3式になると東の系統が強くなり，縄文地に条線が施される44に統一されるようになる。

　次に，以上の精製・粗製深鉢を編年の前提にして，各式の様相を見ていくことにする。

大森1式　堀之内2式以来，精製土器の器形や文様の要素が相互に接近してきたため，東西の地域差はほとんど見られなくなる。このなかで，10・11（同一個体か？）は東北系統の波状口縁深鉢で，10の把手頂部には団扇状の装飾が付くであろう。

大森2—1式　17～20は鉢形土器。19には入組文が，20には12と共通する磨消縄文が描かれている。21～24は東関東の土器。21・22の菱形構図の磨消縄文は，鈴木正博氏によれば下総系という。また口縁部に縄文が施される21・23，口縁部に微隆帯をもつ24などは，取手市中妻貝塚に代表される中妻系という。25は俯瞰すると花弁状をなす深鉢で，体部文様は何段もの平行沈線に対弧文が重ねられており，東北の系統をひく。

大森2—2式　山内氏は加曽利B2式に特有の文様として羽状沈線，斜条線などをあげている。31～35などがこれに相当するが，33のようにくっきりと描かれる手法は2—1式に遡るのかもしれない。大森貝塚を代表する肩がくの字状に張る31は2—1式に出現し，2—2式になって口縁が直立するようになる。類例はたしかに西関東に多いが，東関東にも，また中部方面にも分布する。32のように下胴が筒状をなす器形は，東北系ともいえる。36は台付鉢の台部で，31の文様に共通性がある。

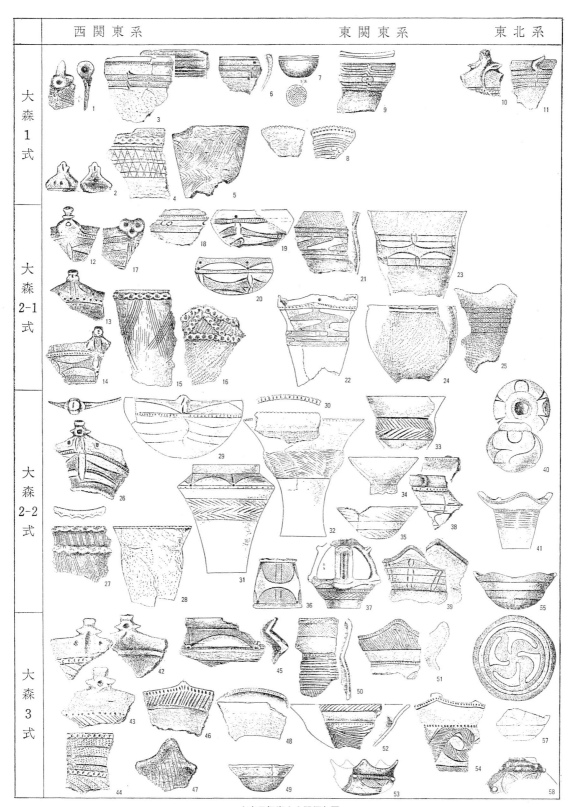

大森貝塚出土土器編年図

39は25の文様と類似するが，新たに口唇に刻目が施される要素が加わる。40は，モースが「たぶん，時期が違うものだろう」と鑑識眼をはしらせた注口土器で，東北・北海道に広く分布する。41・55もおそらく東北方面からの搬入品。37の吊手付土器は分布が広いので，いちがいに地元で作られたともいえないようである。

大森3式 45は，31の直立した口縁が外反するとともに肩部の点刻が縄文に変わってきた，弛緩したかたち。50・51は，42・43の西関東系の精製深鉢に対応する東関東系の精製深鉢であるが，51は東北方面にも広く分布する。50は広畑貝塚第1類の波状口縁深鉢。52は重弧条線が特徴的な東関東系の台付鉢。54は，たすき状の文様構図に細かい羽状縄文が施文された東北系の深鉢。57は，入組文の構図にやはり羽状縄文が施文された注口土器もしくは下部単孔壺。58には瘤がつく注口土器。53も同様に瘤がつく新しい要素である。

3 遺跡の立地と性格

モースによる大森貝塚の報告書には，いわゆる加曽利B様式の多くの器種が網羅されている。「形態や装飾の典型的な形状すべて（中略）口縁部や突起，紋様構成の変異型の上でとくに変わったもの」という基準で選出されたためであろうが，その鑑識眼に改めて感服させられる。

それにしても大森貝塚には，西関東の土器とともに，東関東・東北系統の土器の保有がめだっている。大森貝塚が東京湾岸の要衝の地に占拠することは確かであり，海上交通の拠点をなしたであろうことも想像に難くないから，あるいは当然のことなのかも知れない。東京には，同じ頃に形成された権現台貝塚をはじめお茶の水貝塚，西ヶ原貝塚，豊沢貝塚などもあるが，いずれも断片的な資料が知られているだけで，東関東系の保有量については比較のしようがない。因みに，地域はやや離れるが，同じ西関東系で大宮台地にある寿能遺跡の豊富な資料の中には，東関東系の土器はそれほど多くはない。

それでは東関東の遺跡における関東系土器の存在はどうであろうか。これまで千葉県側の遺跡からもまた常南総北の貝塚地帯からも，西関東系土器の目立った出土は報じられないできた。遺跡の規模と密度，遺物量では圧倒的に優位に立っているように見える東関東の遺跡から，何らの見返り

なしに一方的に情報が流入したのであろうか。土器とはまたべつの物資の存在を考えるべきなのであろうか。これに関しては，鈴木正博氏の「大森貝塚『土器社会論』序説」（『大田区史　考古Ⅱ』所収）が提唱されており大いに啓発されるが，筆者には未だ十分に理解するには到っていない。

とりたてて説明もしないままに東・西関東地域の違いを説いてきた。東京湾および縄文海進に形成された東京東部低地から大宮台地の東側を経て栃木県藤岡町に通じる，奥東京湾を念頭にしてのことである。この境域は，かつての古利根川の流路にあたる低地帯で，縄文時代には伝統的に東・西関東地域の集団の境界を画してきた。このことは，各時期の土器様式の違いに窺える。この海上交通網を通して，彼我の集団の存在を相互に認識しながら対峙し，また交流が図られてきたものであった。大森貝塚は，まさにそうした西関東地域集団の貿易港ともいえるような役割を担っていたのかもしれない。

4 大森貝塚の全体像

これまではモースの報告した大森貝塚の加曽利B様式を対象に見てきたが，東京大学総合研究資料館には，このほかにも多量の未報告資料が収蔵されている。それら未報告のままにあった資料が，鈴木正博・加津子氏らにより紹介されたことにより，大森貝塚のさらに充実した内容が明らかになった（『大田区史　資料編　考古Ⅱ』80，『史誌』17・18・19・25，82・82・83・86）。

そこで，モースの報告した加曽利B様式の資料（103点）と，同じく『大田区史』で明らかにされた資料（280点）を併せて，鈴木氏の加曽利B式編年に照合すると，加曽利B1式は111点，1—2式は66点，2式は113点，3式は93点という時期構成になる。その全体の器種構成は，深鉢（下総系を含む）122点，粗製深鉢76点，鉢類88点，皿・椀類20点，注口・吊手付土器1点，東北系および中妻系24点となる。筆者なりの大まかな分類であるから，必ずしも正鵠をいていないかも知れないが，傾向が窺えるであろう。

そうすると，先に大森貝塚には東関東・東北系統の保有がめだっていると述べたが，強調するほどではないのかもしれない。むしろ，モースの明確な資料抽出の視点が鮮明になったようである。

東京・八丈島倉輪遺跡

東京都教育委員会
■ 川崎 義雄
（かわさき・よしお）

伊豆諸島の倉輪遺跡では関西，信州，南関東，東関東系の土器が
流入し，さらに「の」字状装飾品にも各地との関連が認められる

八丈島は東京から南方に約 300 km の太平洋上に位置している。北西部の西山（八丈富士）と南東部の東山（三原山）が互いに寄り添っていて，横から見る光景はちょうど瓢箪を伏せたような形に見える。この両火山の接する山麓低地に八丈町の中心集落がある。とくに東山をめぐる山麓には古くから開けた集落が所々に散在している。同様に縄文時代の遺跡もこの東山山麓にのみ限られた分布を示している。

1962年夏，樫立集落に所在する八丈温泉ホテルの花卉栽培の温室，テニスコート建設などの工事中に無文土器，石器などが出土した。湯浜遺跡の発見である。島内最初の調査遺跡として記録されることになった。この湯浜遺跡の発見までは，この八丈島には先史時代の遺跡は存在していなかったということが通説になっていた。

その後，しばらくして1977年 9 月，同ホテルの温水プール拡張工事中に多量の遺物が出土した。倉輪遺跡の発見である。

しかし，本遺跡は同ホテルの娯楽施設の集中している場所に位置しているため，保存対策に苦慮せざるを得ない状況に置かれている。そのため遺跡が発見されて以後度々の調査を実施してきた。1992年 7 月の調査まで 9 次行なわれている。その中で1985年の調査が128㎡の範囲と，最も大きな規模の調査で，調査期間も約40日に及ぶものであった。本遺跡からの出土品の大部分はこの時のものである。

東京から八丈島へは飛行機で約 1 時間，ジェット機なら40分と，さらに短縮される。今でこそ気楽に，容易に行けるようになったが，船便となるとまる一夜の船旅になる。夜遅く東京を離れ，翌朝の 9 時頃の到着になる。これも大型客船なればこそである。波静かな東京湾を出る頃になると，船は縦横にローリングを始める。船内を自由に歩くことが難儀である。さらに三宅島を過ぎるやいなや一段と激しさを増す。いよいよ歩行困難になる。潮の流れに逆らっていることがはっきりとわ

かる。すなわち黒潮を横切っているのである。これに時化が加わると，着岸寸前でUターンしてしまうこともある。夕方 8 時の東京到着まで我慢しなければならない。最早悲劇的になる。かつて船が小型のときはこのようなことは日常茶飯事であった。

このような状況で縄文人が丸木船を漕いで八丈島まで渡り切っていただろうかと誰もが疑問を抱くのは当然である。それゆえ縄文人の遺跡は八丈島には存在していなかったという説が支配していたのであった。

こうした状況にあって倉輪遺跡の登場は，その出土土器を通じて本土との関連を追及するうえで極めて重要な資料を提供するものとなった。

1 倉輪遺跡出土土器

土器は第一群土器と第二群土器とに大きく分類できる。第一群土器は縄文時代前期末から中期初頭に編年づけられる。この中をさらに細分してみると，

1 類土器は南関東の十三菩提式土器を中心とする。

2 類土器は関東から信州方面に分布している踊場式土器に該当する。

3 類土器は東関東系の土器に対比されるが，極めて少量の出土であった。

4 類土器は最も微量な出土で東北南部に分布している大木 6 式に対比できる土器と考える。

5 類土器は北白川下層 3 式，大蔵山式，船元式，鷹島式などの関西系土器を主体とする。

6 類土器は北陸方面に文化圏をもっている鍋屋町式，新保式土器に相当する。

7 類土器は東海西部に分布している北裏C 1 式土器に相当する。

8 類土器は東関東の下小野式土器に該当できそうである。

さらに第二群土器はさほど出土量は多くなく，第一群土器に比較してやや新しい時期に編年さ

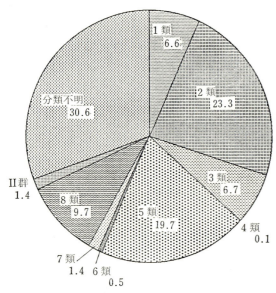

図1 倉輪遺跡出土土器の内訳（％）

る新道式，踟沢式，阿玉台式などに該当し，中期前半期に所属する。

これをさらに出土量の比率をみると図1のようになる。この比率から，多い順に並べてみると2類が最も多く，5類が続いている。さらに8類，3類，1類と続く。つまり2類に次いで5類が肉薄して出土量が多いということと，多方面，各地からの流入がわずかながら認められる点が注目される。

すなわち，言い換えれば関東南部から信州方面に分布圏を持つと考えられる踊場式を主体にしながらも，それに劣らず関西系土器の流入の多いことがわかる。むしろ関西系土器文化圏の東端といったほうがふさわしい状況とさえ言えよう。

他の島での状況は最も本土に近い大島では鉄砲場岩陰遺跡が該期の代表例に上げられるが，1957年と1985年の2度の調査が行なわれている。結果は縄文前期前半黒浜式土器，前期後半の諸磯b式土器，c式土器，前期終末期の十三菩提式土器が主体的に出土し，東関東系の浮島式土器，関西系の北白川下層式土器が微量ながら出土した。

この二者の出土土器からの動態を見た時，明確な相違点が観察される。他の島の同時期の数カ所の遺跡からも鉄砲場遺跡とほぼ同様な結果が得られ，南関東で見られる遺跡のあり方とほとんど変わら

ない。それに対してむしろ倉輪遺跡出土土器のあり方が特殊な状況であったと理解することが適当であろう。

関西系土器の流入はわれわれが考えていたよりも，他の島に比べて本土から最も遠く離れている八丈島ではより多いという結果になっている。ともすれば八丈島は黒潮の大きく強い流れによって隔絶されていたという概念であった。縄文時代の具体的な航海術は明確ではないが，関東系の土器，東北系の土器，北陸系の土器などが信州方面の土器や関西系の土器とともに持ち込まれていたという事実は，各々の地方との交流を考えなければならないとともに想像以上の航海に対する技術が備わっていたといわざるをえない。

そこで黒潮の流路を考える必要があるだろう。

2　黒潮と土器の流入

黒潮とは，別名日本海流とも呼称される強大な海流である。フィリピン，台湾の東岸を北上し，屋久島南西のトカラ海峡を抜け九州東岸，四国，遠州灘を通り，伊豆諸島を通過し，房総半島沖を経て東方海上に去っていく流路をとっている。また，三宅島と八丈島の間には潮が川のように流れる「黒瀬川」という航海の難所がある。

この黒潮は，流路によって「A」，「B」，「C」，「D」，「N」に5分類できる。各流路パターンは次のような性格を持っている。

「A型」：遠州灘沖に冷水塊が大きく発達し安定性があるのが特徴で，2～9年の長期にわたって存在し，持続性がある。いわゆる居座り型である。

「B型」：A型海況に比べて冷水塊の規模が小さ

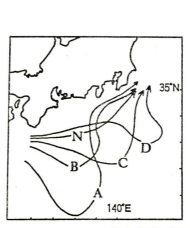
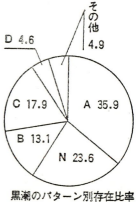

図2　黒潮の流路パターン

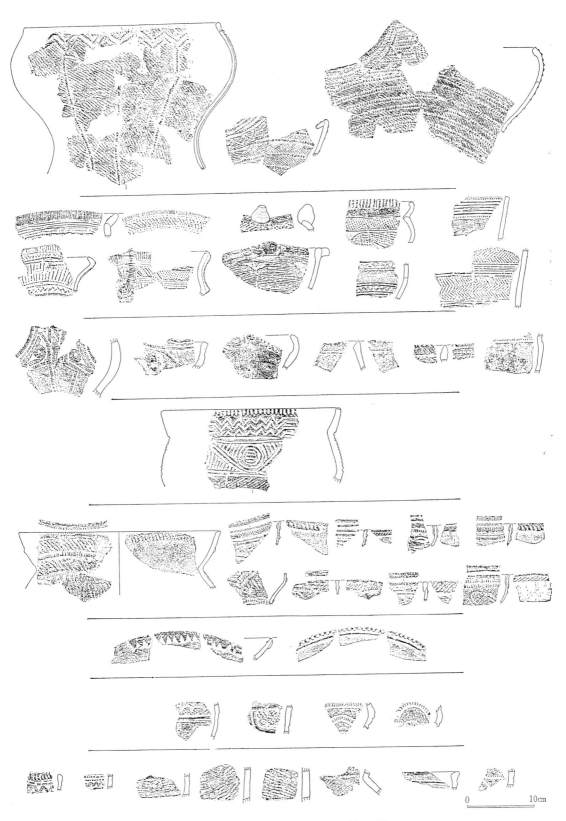

図 3　倉輪遺跡出土の土器（上段より1類〜8類）

く，期間的に6カ月以内に消滅し持続性がない。比較的東方に移動し易くC型となる場合が多い。

「C型」：冷水塊が伊豆海嶺の東西の海域にまたがって存在し，安定性がなく，D型に移動する場合が多い。

「D型」：冷水塊が伊豆海嶺の東側のみに存在し，黒潮流軸は伊豆諸島の東側のみで本州から離れており，冷水塊は消滅するか，さらに東方に移動するかである。

「N型」：冷水塊の消滅型である。黒潮は南岸沿いを直進する。

このうち「C，D型」の場合は伊豆海嶺付近に冷水塊が発生するので，黒潮は八丈島南方を遠く離れるため八丈島周辺の洋上は比較的穏やかになるという。この時が伊豆北島および半島方面への航行は比較的容易であったと見てよいであろう。この二系統のパターンを合わせて全体の約22.5%という存在比率になる。さらに，「N型」の場合は冷水塊のない型のため太平洋南岸をスムースに北上するのでこの海流の時期は南紀方面からの流入は容易になる。現在でも伊勢，熊野方面からの流木がしばしば八丈島に漂着することが伝えられていることからも，この型の時が最も可能性が高い。

他の島の土器のあり方は南関東，信州，東海系土器の流入は予想している通り多く，本土の状況とほとんど変わりない結果になっており，本土との交流も活発であったことを裏付けている。八丈島についても他の島に比べて渡航が困難であったという理由からしばしば特別視扱いをするかのような論じられかたをしてきた。

さらに，土器以上に多量に出土する黒曜石の流入も見逃すことができない。伊豆北島の各遺跡でも例外がないといってもよいくらい神津島産の黒曜石を利用している。この八丈島でも同様に神津島産が利用されている。しかもより古い時代の湯浜遺跡で，すでに利用されていることが証明されていることからも，少なくとも縄文時代早期後半頃には積極的に交流が行なわれていたことが裏づけられる。

装飾品の類から流入場所をにわかに特定するには困難があるものの，「の」字状装飾品についても現在関西，北陸，信州，北関東，東北南部方面との関連性が認められつつあるのも，すでに土器からの流入でも関西系，信州系，南関東系土器な

ど多方面との交流が認められることとも共通性がある。伊豆半島の該期の遺跡でも多量に関西系土器の出土している例は本遺跡以外いまのところ見当たらない。しかし神津島を介して他の島，半島との交流は十分に予想できる。一方では海路を利用して紀州方面との繋がりも十分考えられる。しかも一度きりの渡島でなく土器の変化の段階ごとにたびたびの往来があった。すなわち前期終末期の5類の関西系土器が最初に，やや遅れて1，2，3類などの南関東系，信州系，東関東系などの土器が，中期初頭でも引き続きそれらの地域をはじめ各地から土器の流入が認められ，長期間各地と交流があった。加えて黒曜石の流入も頻繁な往来を示している。かつては他の島には島内だけで考えても中心の集落から別の集落に行くにも今でこそ道路が整備され自由に行けるようになったが，船を利用しなければ行けなかった所もあった。船が最良の交通手段であった。その点条件さえ備われば海路はどこへでも自由に行ける道といえるであろう。倉輪遺跡の出土土器の流入のあり方はそれらを物語っているといっても過言ではないであろう。

註

1) 杉原荘介ほか「東京都八丈島湯浜遺跡の調査」駿台史学，16，駿台史学会，1965

　杉原荘介ほか「東京都八丈島湯浜の石器時代遺跡」考古学集刊，3―4，東京考古学会，1967

　芹沢広衛「八丈島・湯浜，倉輪遺跡の調査」『東京都遺跡調査研究発表会Ⅳ』武蔵野文化協会，1978

　永峯光一ほか「八丈町湯浜遺跡」『東京都埋蔵文化財調査報告11』東京都教育委員会，1984

2) 村井　実「倉輪遺跡」文化財の保護，16，東京都教育委員会，1984

　永峯光一ほか「八丈町倉輪遺跡」『東京都埋蔵文化財調査報告13』東京都教育委員会，1986

　永峯光一ほか『東京都八丈町倉輪遺跡』八丈町教育委員会，1987

　青木　豊ほか『倉輪遺跡1994―第8次，第9次発掘調査報告書―』八丈町教育委員会，1994

3) 吉田　格ほか「伊豆七島の縄文文化」武蔵野美術大学考古学研究会，1980

4) 西村和久「黒潮とその生物」第七回國學院大學考古学資料館公開講座，1991

5) 小田静夫「神津島の黒曜石―その先史時代における伝播」歴史手帖，9―6，1981

　薬科哲男「伊豆諸島遺跡出土黒曜石の分布」文化財の保護，16，東京都教育委員会，1984

3単位波状口縁深鉢型土器

金津町教育委員会
木下哲夫
（きのした・てつお）

3単位波状口縁深鉢型土器はその文様帯保持から広汎な地域に
おける異型式の類似様相相互に内在する集団規制を類推できる

かつて，福井市曾万布遺跡から出土した3単位波状口縁深鉢型精製土器（以下3波状深鉢）から越前の土器相を概観して，それらを構成する"系統"の特殊性について指摘（木下1991）したことがあった。当時，同様の土器群は京都府舞鶴市桑飼下遺跡からも出土し，様式論の範疇で"桑飼下式"と称されて，それらの土器群の保有する類似性について論じられた。

しかし，爾来文様変化の地域内における時間的推移を重視するあまり，文様帯保持に関わる東西の齟齬について，等閑に付されてきた観が強い。そこで，こうした各地に貫入した型式の示準土器に施される文様と，文様帯構成の時空間軸上における異同に表徴される規範について，その保有する意義について検討，3波状深鉢の生成を考察するなかから，土器型式に派生する集団規制について概観してみたい。

1 定義とその概念

曾万布遺跡から出土した精製深鉢型土器は，3単位の波状口縁部と胴部が膨れ，頸部は括れて口縁端が内湾する器形を呈し，波状口縁部と胴部に磨消縄文による文様帯を保持する土器である。往時，一乗寺K式に属する深鉢の波状単位数は，「4」と認識されていて，単位数と文様帯構成の異質性について着目された。

一方，桑飼下遺跡からもほぼ同時期に，同様の土器群が出土し，口縁部肥厚の有無によって瀬戸内の津雲A・彦崎KI式のような所謂"縁帯文"土器とは区別された。また，文様帯構成は口縁部と胴部の二帯構成として認識され，その間に無文帯を挟む西日本後期の伝統性が看取されようとしていた。そして，従来体系化されていたとされる北白川上層式と稲口式を発展的に吸収して，桑飼下式が提唱（渡辺1975）された。そして，その分布は曾万布遺跡や愛知県西尾市八王子貝塚出土土器との類似性に言及することから，東海・北陸地方へと拡大する傾向を指摘している。

これに対して，桑飼下式と北白川上層式の差異を分別することから相互の型式差を認識し，桑飼下式と一乗寺K式の連続性を，結節縄文や沈線内刺突という施文要素から関連付け（泉1981）ようともされる。その後，これらに類似する土器が大阪府淡輪遺跡，奈良県竹之内遺跡，金沢市馬替遺跡など近畿・北陸地方を中心として出土し，単位数は前葉の「4」から「3」へ，口縁部形態についてはT字形から緩い内湾形へという変化過程を抽出して，その好例を福井県に求める場合（泉1989）も現出した。

こうして汎列島的構造のなかに，「3」という単位数をもって，加曾利B1式期における時期区分の定点を設定しようとの目論見を類推できる。しかし，そこには文様帯変遷との整合性に関する課題が残存してしまう。すでに，文様帯の基本的な変遷については，加曾利B2式頃に体部文様帯が分裂して，そこに生成したⅡa文様帯は東北地方で盛行するが，西日本ではさほど振わず，逆にⅠ文様帯が再生するとの指摘（山内1964）があり，その枠外での変容は想定し難い観が強い。

翻って，文様帯の重畳を示す諸型式が統合されて，それらに共通する文様帯の重畳が成立し，異型式間に一見対応するように見える文様帯も，系統発生的には対応しない例についての論証（今村1983）もある。それらは，同時期に存在することが想定される波状口縁と把手の生成について，その機能と装飾の両面から検討する必要があろう。そこで，これらの事柄を念頭におきながら，曾万布遺跡出土の3波状深鉢を子細に検討して見ると，波底部における磨消縄文帯は蛇行沈線でその連続性が分断されていて，波状縁側部に施される横走縄文帯について，Ⅱa文様帯と解するか，はたまた西日本に先学から指摘されたⅠ文様の拡張と見なすかが，変遷観の岐路となる。

そこで，このような"相似"現象の検討を実施することから，各文様帯の系統発生的な非対応性に内在する影響関係について検証し，こうした土

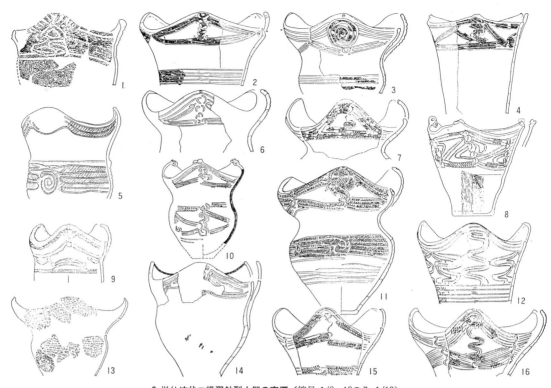

3 単位波状口縁深鉢型土器の変遷（縮尺 1/8，13のみ 1/12）
1・13淡輪遺跡，2・4・12鳴鹿手島遺跡，3・6・7・11・14～16曾万布遺跡，5桑飼下遺跡，
8津島岡大遺跡，9馬替遺跡，10下尾井遺跡

器の変化が文化現象の本質的な性格に起因することを説明したい。

2 等質性と異質性にかんする分析

　3波状深鉢は，西日本後期に一貫して維持されたとされる4山波状口縁土器との対比から，当初着目された。しかし，単位数と文様帯に関する理解より，その解釈には乖離が生じている。元来，文様の単位数については，「4」が最も自然でバランスが取れているものと理解され，西日本後期ではそれ以外の単位数が，安定しては存在しないものと考えられてきた。

　ところが，曾万布遺跡から出土した土器はいずれも3単位の波状口縁形を呈し，文様帯も体部文様の分裂を予想させた。また，II文様帯上端に保持される段は，副文様帯の設定とも解され，そうした系列に関する検討もまた必要とされよう。以下，このような観点から該当土器を分析する。

　波状口縁側部への施文様に注目された認識は，その文様の変遷過程に対する識別であり，単位数の変化は時間差が発現する証左であるとの思考へと，直截的に連結していた。ところが，一乗寺K式の波状単位数が「4」ではなく，「3」であることを認識した時点から，その考察は変化の兆しを見せる。

　これらの土器が帰属する時期については，各遺跡における伴出関係から加曾利B1式期が想定され，該期の3把手深鉢がその変遷系統の標識とされている。そこでは，器形の括れがB1式とB2式の画期として捉えられ，東関東と西関東の地域性についても 云々（野口・安孫子1981）されている。こうした見地から，3・7・11・15の曾万布遺跡出土土器の系列を瞥見すると，波状口縁部に文様が集約される3は，波状が未発達で渦巻きの下端を波頂に収容しきれていない。このような波頂が縦位に拡張することに対応して，口縁の端部形態は緩やかに湾曲の度合いを増す。そうして3の波頂に収束されず，分断されることを余儀なくされた区画沈線は，渦巻きの縮小に従って競り上がり，7の如く平行沈線化することになる。ここまでをI文様帯の盛行と見なそう。

　さらに，口縁側部上端の磨消縄文帯が口縁内湾部へと上昇する11では，波頂部のS字沈線が下端縄文帯まで下降しないにも関わらず，分断の兆し

を見せる。また，拡張したⅡ文様帯の上端に段を保持し，胴部文様は縄文施文部と沈線のみからなる二段構成を示す。そして，15に至って縄文帯に食い違いを生じ，胴部の拡張器形も縮小して収束する。このように，11にその"プロト・タイプ"を想定すれば，生成と収束の過程について考察できよう。この動きは，加曽利B2・3式に由来する「ト」の字単位紋（大塚1986）の，胴部から口縁波頂部への上昇と解釈される。

　一方，曽万布型系列に対する2・6・10の対向弧線文の系列についても，同様に推移することが想定され，波底部で単位文が収束している2は，6から10へと変遷するが，10の波頂部に施される内向小突起は，こうした器形の土器に対する内面施文手法の導入を窺うものであり，胴部文様の拡張も併せて多系統の影響下に成立した土器であろうことを予測させる。そして，14でのⅡ文様帯の欠失も同様の経過を辿ったものと考えられ，口唇裏面の施文も，10からの系譜を推察できる。

　これに対して，単位数の等質性から列島構造の地域差を見つめようとする見解（泉・西田1992）も呈出されている。その一方は4・8の組列であり，他方は1・5の列がそれに当たる。4・8からのバケツ形列では，4の"変形鋸歯文"の左斜辺が単位文に置き換わって，口縁側部上端の横走縄文帯が縦位分割される。ついで，8の胴側部に施される右上平行斜線端文様は，分割されたSの字沈線が企図されている[1]ようで，波頂部の内向小突起の存在は，その器形をも含めて対向弧線文列の10以上に，加曽利B式の直截的影響を窺い知ることができよう。以下，12の頸部無文帯中への蛇行沈線の施文についても，外反形胴側部上端施文手法の導入形態として符合し，16の収束は曽万布型系列における11・15と同様と目され，文様帯の再上昇は14に倣うことも蓋然性が高い。

　1からの口縁肥厚型に目を転じれば，前代からの継続性が勘案され，波頂部の単位文と頸部の無文帯が区画される。1は頸部無文帯中にも単位文が，5には11と同様な段が保持され，口縁部文様の集約という西日本の伝統性と，Ⅱ文様帯の分裂に見られる東日本の系統性が融合して，9のような頸部施文手法を招来するのであろう。そして，14の4単位波状の復活により，関東と等しく地域性から生じる分裂過程が説明され，曽万布型系列を核とする土器変遷の融合と分裂を鳥瞰できる。

3　ま　と　め

　3波状深鉢が，形状の類似による等質性と，内在する異質性を併せもつことを明らかにした。これは，型式の識別に対する認識であり，こうした分布圏を"地域圏"と呼んで，原始時代の生活圏を復元しようとの試み（向坂1970）も実施されている。また，そうした成果を援用して，3把手深鉢を後継すると考えられる高井東様式の地域圏についての検討が展開（安孫子1993）されてもいる。

　こうして，土器型式の分布圏をも越えた地域的性格に対して，加曽利B式の3把手深鉢に見られる東関東と西関東の地域差が顕在化する動きと，北陸・近畿の日本海側の3波状深鉢の成立が連動していることが予想された。そして，こうした動向の生成は文様帯の系統に起因すると考えられ，さらには副文様帯をも視野にいれることの必要性についても先に述べたとおりである。そこに，Ⅰ・Ⅱ文様帯相互に施される文様の"相似"についての考案から，各文様帯の連関が理論化される。このように該期においては，この3波状深鉢の文様帯保持から，広汎な地域における異型式の類似様相互に内在する集団規制を類推することができよう。

　また，前代の越前の土器相について，深鉢型土器の"多系統土器群併存"という概念（工藤1988）からその様相が解説されており，これまでのような器種と器形に関する一系的な変遷概念のみをもって，各地の状況を詳論することもまた困難な状況が鮮明となってきた。そこには，"地域型式"や"系統型式"といったそれぞれの型式概念が錯綜し，型式集団の内外それぞれに働く規制についても，輻輳する結果となるため，それぞれの規範について個々に抽出して，顕在化させる必要が生じてくる。そこに，集団の実像が土器に反映されるものとなるので，今後はこうした系統的な変遷指標を射程内に置きながら，各地の土器群における文様帯構成の，相互牽制作用について分析することが必須とされよう。

　紙数の関係により，引用文献については略させて戴いた。何卒諒とされたい。

註

1) 岡山大学阿部芳郎氏のご厚意で実見させて戴いたことによる。加曽利B式固有の施文様を沈線化する描出手法に特徴的なものを看取し，帰属する時期を想定した。

九州・四国磨消縄文系土器

福岡女子短期大学講師（非常勤）
■ 澤下孝信
（さわした・たかのぶ）

磨消縄文土器の伝播・受容は，土器製作にかかわる情報が共有
される範囲の開放のあり方を示していると考えることができる

縄文後期の九州においては，かつて波状的伝播として指摘された東からの文化の波及が認められる[1]。それは前葉・中葉・後葉の各時期にわたり，その具体的な様相についてもしだいに明らかになりつつある[2]。しかしながら，本稿で各時期について論じることは，紙数の制限もあってとうてい不可能なため，後期前葉の磨消縄文土器（中津式・福田KⅡ式）を中心に，中・四国を含めた各地域における異系統土器の伝播・受容のあり方について検討することにしたい。

1 土器の系統関係

この時期の土器系統論に関しては，中津式の成立過程とそれ以降の型式変化の2点が問題となる。

まず，中津式の成立についてみると，大きくは2つの見解に分かれている。1つは，近畿地方の中期末の北白川C式にその系譜を求めるものであり[3]，もう1つは関東地方の後期初頭の称名寺式の影響によって中津式が成立したとする見解である[4]。筆者は，称名寺式が中期末の加曽利E式の系譜を引くこと，および中津式の要素には北白川C式系統と称名寺式系統のものが認められることから，中津式の成立には称名寺式の影響があったものと考えている[5]。

中津式以後の型式変化については，1：中津式（2本沈線）→宿毛式（入組の2本沈線）→福田KⅡ式（3本沈線），と想定する立場[6]，2：瀬戸内東部で中津式→福田KⅡ式，瀬戸内西部・西南四国で中津式→宿毛式，というように宿毛式と福田KⅡ式を地域差とみなす立場[7]，そして，3：瀬戸内東部では中津式→福田KⅡ式・古段階（宿毛式）→福田KⅡ式・新段階，一方，瀬戸内西部では中津式→宿毛式・古段階（宿毛Ⅰ式，小松川式）→宿毛式・新段

階（宿毛Ⅱ式，六軒屋Ⅱ式），とする見解があり[8]，3は2における福田KⅡ式・宿毛式をさらに細分しようとするものである。

ところで，入組の2本沈線を特徴とする宿毛式は四国西南部で主体をなし[9]，山陰西部でも主体を占めているのに対し[10]，近畿地方では宿毛式のまとまった資料が乏しいとされる[11]。東部瀬戸内における宿毛式と福田KⅡ式の比率については，良好な遺跡が少ないこともあって判然としないものの，広島県洗谷貝塚では宿毛式と福田KⅡ式が同一層位から出土している上に[12]，福田KⅡ式を祖形として成立したとされる[13]上面表示型の縁帯文土器の胴部に2本沈線による磨消縄文帯が施されるものがある（図1）。

これらの諸点は，宿毛式（福田KⅡ式・古段階）→福田KⅡ式（福田KⅡ式・新段階），つまり，入組の2本沈線→3本沈線という変遷を想定した場合，整合的に説明できないことから，ここでは2の見解に従って議論を進めたい[14]。

2 九州地方における様相

中・北部九州における磨消縄文土器の受容のプロセスについては，すでに田中良之の研究がある[15]。それによると，北部九州では，すでに中津式の段階で，外来系土器である中津式のセット（精製・半精製・粗製土器）に在来系の阿高式系の半

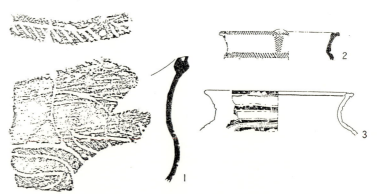

図1 2本沈線による磨消縄文帯を有する縁帯文土器（縮尺不同）
1 芋平遺跡（広島），2 洗谷貝塚（広島），3 福田貝塚（岡山）

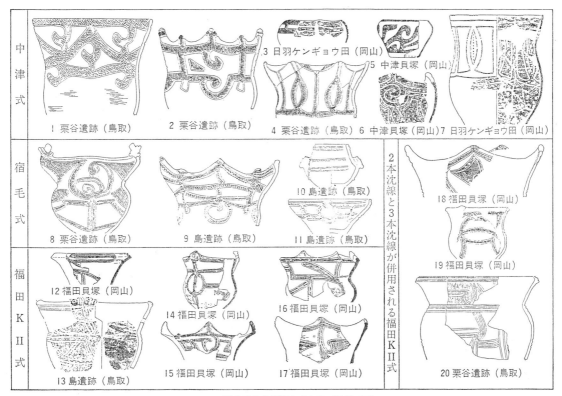

図 2 後期前葉磨消縄文系土器（縮尺不同）

精製・粗製土器が加わるという土器組成を示す。一方，中九州においては，後期前葉には中津式・福田KⅡ式の精製品が在来系の南福寺式・出水式土器のセットに移入品として存在し，その後，在来系と外来系がそれぞれ精製〜粗製土器まで完全なセットをなして併存する段階（後期中葉の鐘ヶ崎式系Ⅰ・Ⅱ期）を経て，鐘ヶ崎式系Ⅲ期（後期中葉）に至ると，精製土器は磨消縄文系で，在来の阿高式系土器が半精製土器と粗製土器のみという磨消縄文系優位の段階になるという。

一方，東南部九州における様相については松永幸男の研究がある[16]。それによると，岩崎式期には中津式の移入品だけでなくその影響を受けたと考えられる文様が認められるものの，在来系の岩崎式が主体を占める。ところが，後続の指宿式期には，宿毛式の影響が看取される一方で在来系の文様も存在し，そのあり方から，指宿式期は在来・外来の両要素が頻度を異にしながらもレベル差なく同一個体に併用される段階と位置づけることが可能で，次の市来式期には新たな在地化を遂げるという。

なお，東九州では中津式が主体を占めることは

なく，在来系の西和田式が主体をなすのに対し，次の段階には，福田KⅡ式・宿毛式の出土量は増大し，その在地型とも言える小池原下層式も少量存在する[17]。

3 中・四国地方における様相

四国地方においては，瀬戸内沿岸部を除いて，中期末の状況が判然としないため後期前葉の動態が把握できない。そこで，中国地方における様相を検討する中で，併せて見ていこう。

中国地方における該期の磨消縄文土器の動態については，かつて論じたことがあり[18]，ここではそれに依拠しながら検討したい。

当該地域では後期初頭に中津式が主体をなすが，この地域の中期末の土器群（瀬戸内西部では福田C式，瀬戸内東部では里木Ⅱ・Ⅲ式[19]）の要素はほとんど中津式に認められないことから，その出現に際して東方からの伝播を想定せざるを得ない。そして，続いて福田KⅡ式，宿毛式がそれぞれ分布圏を異にしながら展開するが，この段階の近畿地方では縁帯文土器（古段階）が分布していた可能性が高いことから[20]，福田KⅡ式には口縁部が縁

75

帯文化した土器も認められるものの，中津式期に比して，この時期は東方の影響が弱かったことが窺える。ともあれ，当該地域の中津式の伝播・受容については，在来系優位の段階（中期末）→外来系優位の段階，というモデル化が可能であろう。

4　異系統土器の伝播と受容

これまで述べてきた磨消縄文土器の伝播・受容については，1：在来系土器優位の段階→在来・外来の両系統が拮抗する段階→外来系土器優位の段階（中九州），2：在来系土器優位の段階→在来・外来の両要素が頻度を異にしながらも，レベル差なく同一個体に併用される段階→新たな在地化を遂げる段階（東南部九州）→3：在来系土器優位の段階→外来系土器優位の段階（北部九州と中・四国地方），という3つのモデル化が可能である。

これらはいずれも田中良之がハイレベルの様式と呼んだ[21]土器様式間における伝播と受容のあり方であり，その前提として，土器分布圏を土器製作に関わる情報が共有される範囲（＝コミュニケーション・システムの範囲）とみなしていることは言うまでもない[22]。とするならば，これらのモデルはコミュニケーション・システムの開放のあり方を示すものと言い換えることができよう。

ところで，土器製作に関する情報伝達の主因を，通婚[23]や通婚＋交易[24]といった具体的現象に求める見解に対して，これらをも含んだ何らかの手段による情報伝達で理解しようとする立場があるが[25]，本稿では後者の立場で各モデルについてさらに議論を進めることにする。

まず，1の場合，後期前葉では，在来の阿高式系がセットをなしているのに対して，磨消縄文系土器は製作された可能性が強い粗製土器（小形巻貝条痕）と移入された少量の精製土器から成ること，そして，それが次第に磨消縄文系土器が優位になっていくことから，転入者などによって徐々に外来情報が蓄積され，やがて在来の規制が外来のそれに取って替わる過程を示すもので，大規模な人の移動を伴うものではないとされる[26]。2の場合も同様に大規模な人の移動を伴わないものと考えてよかろう。

ところで，3の場合，北部九州と中・四国地方では様相が異なっている。まず，中・四国では，称名寺式の影響下で中津式が成立した可能性が高いことはすでに述べたが，中津式期の粗製土器に

ついてみると，瀬戸内地方では小形巻貝を原体とする条痕を有するものが多く，山陰地方東部では刷毛目状の“細密条痕”[27]を有する土器が主体を占めている。一方，中期末の粗製土器は，瀬戸内地方では二枚貝による条痕が主体であり，山陰東部では細密条痕が主体をなすようである。それに対して，近畿地方の中期末〜後期初頭（中津式期）の粗製土器は櫛状施文具による条痕土器と縄文土器（全縄文と帯状施文）であることから，粗製土器に関しては各地域において独自性が認められる。このような状況は，北部九州の福岡県天神山貝塚[28]や福岡市桑原飛櫛貝塚[29]で，中津式が精製から粗製土器（小形巻貝条痕）までセットをなすのに対して，伴出する阿高式系土器には精製土器が見られないという状況と様相を異にするものであり，北部九州のケースではある程度の人の移動が想定されていること[30]を考慮すると，中・四国地方への中津式の伝播に際して，小規模な移動は否定できないものの，大規模な集団の移動があった可能性は小さいものと考えられる。

この後，福田KⅡ式・宿毛式期の北部九州および中・四国地方では，中津式期に比してシステムがやや閉鎖傾向にあったらしいのに対して，東南部九州では，指宿式に見られるように，該期にシステムが東に向かって開放していたことが窺えよう。

さて，これまで述べてきた土器組成の他に，異系統土器の伝播・受容のあり方を反映するものとして，在来・外来の両要素が同一個体に認められる折衷土器が挙げられる。田中良之の研究によると，とくに精製レベルの折衷土器が土器組成を反映するようで，例えば，後期前葉の北部九州では磨消縄文系の要素が優位の折衷土器が存在するのに対して，該期の中九州では阿高式系の要素が優位の折衷土器が認められるという[31]。もっとも，折衷土器は異系統土器受容の際にいつでも製作されるものでもないし，結果的に外来の要素・情報が拒絶される場合に“揺らぎ”現象の表われとして存在することもあるが，土器の動態を研究する上で有効な材料と言えるだろう。

註

1）乙益重隆・前川威洋「縄文後期文化　九州」『新版　考古学講座』3，雄山閣，1969

2）田中良之「磨消縄文土器伝播のプロセス—中九州を中心として」『古文化論集』上，1982

澤下孝信「福岡県・黒山遺跡について―三万田式の再検討―」古文化談叢，11，1983

杉村幸一「縄文時代後期北久根山式土器の一考察」『東アジアの考古と歴史』中，六興出版，1987

松永幸男「土器様式変化の一類型―縄文時代後期の東南九州地方を類例として―」『生産と流通の考古学』1989

3）今村啓爾「称名寺式土器の研究」考古学雑誌，63―1・2，1977

柳沢清一「称名寺式土器論（結篇）」古代，68，1980

柿沼修平「称名寺式土器」『縄文文化の研究』4，雄山閣，1981

泉　拓良「西日本縄文土器再考―近畿地方縄文中期後半を中心に―」『考古学論考』平凡社，1982

柿沼修平・田川　良「文様系統論―称名寺式土器―」季刊考古学，17，1986

玉田芳英「中津・福田KⅡ式土器様式」『縄文土器大観』小学館，1989

4）増子康真「東海地方西部の縄文文化」『東海先史文化の諸段階（本文編・補足改訂版）』1981

5）澤下孝信「土器様式伝播考―西日本の縄文時代後期磨消縄文土器を中心として―」古文化談叢，25，1991

6）註3）今村論文

7）田中良之・松永幸男「広域土器分布圏の諸相―縄文時代後期西日本における類似様式の成立―」古文化談叢，14，1984

8）木村剛朗「土佐における後期縄文文化について」『高知の研究』1，清文堂，1983

犬飼徹夫「西四国における小松川式土器の設定」愛媛考古学，8，1985

註3）玉田論文

9）岡本健児「宿毛貝塚出土縄文土器の再検討」高知県立高知小津高等学校研究誌，5，1966

10）足立克己「山陰石見地方における縄文後期前～中葉土器について」『東アジアの考古と歴史』中，同朋舎，1987

11）高松龍暉「まとめ」『小路頃才ノ木遺跡発掘調査報告書』1990

12）小都　隆『洸谷貝塚』1976

13）註7）文献

泉　拓良・玉田芳英「文様系統論・縁帯文土器」季刊考古学，17，1986

千葉　豊「縁帯文系土器群の成立と展開」史林，72―6，1989

14）中津式および福田KⅡ式の細分については，本稿の主旨にさほど重要な意味をもたないことから，ここでは触れない。この点については，拙稿（註5）文献）を参照されたい。

15）註2）田中論文

16）註2）松永論文

17）坂本嘉弘「東九州における縄文後・晩期遺跡の動態―大分県を中心として―」『賀川光夫先生還暦記念論集』1982

18）註5）文献

19）田中良之「瀬戸内縄文中期土器の再検討」会報，26，九州古文化研究会，1981

註5）文献

20）註7）文献

なお，泉・玉田，あるいは千葉らは福田KⅡ式は近畿地方にも分布することから，福田KⅡ式→縁帯文土器という時間的先後関係でとらえている。しかしながら，出土状況や出土量から判断する限り，近畿地方を福田KⅡ式の主たる分布範囲とはみなしがたい（註13）泉・玉田論文，千葉論文，および千葉豊「西日本縄文後期土器の二三の問題」古代吉備，14，1992）。

21）註2）田中論文

22）註2）田中論文

上野佳也「情報の流れとしての縄文土器型式の伝播」民族学研究，44―4，1980

23）都出比呂志「弥生土器における地域色」信濃，35―4，1983

都出比呂志『日本農耕社会の成立過程』岩波書店，1989

24）註22）上野論文

25）註7）文献

26）註2）田中論文

27）横山浩一「刷毛目技法の源流に関する予備的検討」九州文化史研究所紀要，24，1979

28）前川威洋『天神山貝塚』1974

29）小池史哲「糸島の縄文文化」『三雲遺跡』Ⅱ，1981

30）註2）田中論文

澤下孝信「中津式土器について」『野多目拈渡遺跡』1983

31）註2）田中論文

琉 球 列 島

國學院大學大学院博士課程
■ 伊 藤 慎 二
（いとう・しんじ）

縄文文化圏の南限をなす琉球は，断続的に九州の土器文化とかかわ
りをもちつつ独自の進路を歩み，九州にも少なからぬ影響を残した

1　珊瑚礁の縄文文化

　ユーラシア大陸東縁の蒼海上に，さながら花綵のように連なる琉球列島は，遙かな北方から展開する縄文文化の南限をなす地域であった[1]。さらに，南琉球地方（宮古・八重山諸島）には，北琉球地方（沖縄・奄美・トカラ諸島）と異なり，台湾・フィリピンなどの諸地域との深い関連性が推測できる先史文化が定着している。二つの大きな先史文化の最前線にあって，独自の特色をもつ縄文文化が北琉球地方に育まれたのである。深鉢形土器や竪穴住居に代表される北アジア的縄文文化の伝統[2]と，豊富な貝器など東南アジア・南太平洋に共通する文化要素を創意的に再構成して，古代末まで継続することが琉球縄文文化の大きな特徴である[3]。

　戦後の米軍軍事占領期に多和田真淳によって開始された琉球列島の編年研究は，高宮廣衞らに受け継がれ沖縄諸島に限定した時期区分が提案されるに至る。いわゆる現行編年では，縄文～平安時代に相当する沖縄新石器時代（貝塚時代）を設定し，早期［縄文早～中期］・前期［縄文後期］・中期［縄文晩期］・後期［弥生～平安時代］の4期に区分している。その後高宮廣衞は，縄文時代相当期を沖縄新石器時代前期とし，さらにその前期をⅠ～Ⅴ期に細分して，縄文早～晩期と対応させた暫定編年を発表している。最近では縄文時代時期区分の全面的適用も提唱されているが，若干の問題点も残されており[4]，本論では暫定編年の時期区分を使用したい[5]。

2　琉球・九州間の縄文土器交流

　琉球縄文土器文化は一貫して独自の系統的変遷を遂げているが，断続的に九州地方とのかかわりも見出すことができる。琉球列島に搬入された九州系縄文土器からは，在地系土器との共伴関係を基に，両地域の編年対比に有効な交差年代が得られるほか，相互の交流の性格を推測する手がかりが示される。

　①搬入と搬出　琉球と九州の間で行なわれた交流のうち少なくとも土器については，琉球側の「貿易赤字」といった状況が展開していたようである。表1は，現在までに確認されている琉球・九州の各遺跡から出土した搬入・搬出土器の一覧である。琉球に搬入された九州系縄文土器というのが，その逆の例と比べて格段に多いことがわかる。また北琉球地方の中でも九州よりの島々の遺跡ほど，九州系縄文土器が出土している傾向が見られる。

　これらの土器群は，九州地方でも広域分布型の土器群に属するものが多い。縄文施文土器としては最南端の出土例でもある奄美諸島沖永良部島神

表 1　琉球・九州間の搬入・搬出土器

琉 球 ⇦ 九 州		
縄文前期	轟式	墨屋原（沖縄），中甫（奄美），神野（奄美），大池（吐噶喇）
	曽畑式	東原（沖縄），ケジ（奄美），下山田（奄美），高又（奄美）
縄文中期	里木・春日式	神野（奄美），面縄第4（奄美），宇宿（奄美）
縄文後期	松山式	神野（奄美），嘉徳（奄美），宇宿（奄美），ケジ（奄美），下山田（奄美）
	市来式	浦添（沖縄），面縄第1（奄美），嘉徳（奄美），宇宿（奄美）
縄文晩期	一湊式	大原（沖縄），宇宿（奄美），タチバナ（吐噶喇）
	入佐・黒川式	サモト（奄美），浜坂（吐噶喇），タチバナ（吐噶喇）

琉 球 ⇨ 九 州		
前Ⅱ期	室川下層式	下剥峯（鹿児島種子島）
前Ⅳ期	面縄西洞式	中町馬場（鹿児島上甑島）
	喜念Ⅰ式	一湊松山（鹿児島屋久島）
前Ⅴ期	宇宿上層式	南摺ヶ浜（鹿児島指宿市）
	仲原式	高橋（鹿児島金峰町）

野貝塚出土の里木式は，その中でも際立った一例である。また逆に，一湊式のように種子島・屋久島などの熊毛（大隅）諸島を主体的分布圏とする土器群も，一連の搬入土器の中に認められる。

少数ではあるが，南九州島嶼部や沿岸部に搬入された琉球系縄文土器が存在することは重要である。このことは，縄文時代における琉球・九州間の交流が，決して一方通行的なものではなかったことを示している。

②受容と変容　単なる搬入土器に留まらず，琉球縄文土器文化に一定の影響を与えた九州系縄文土器も存在する。曽畑式・松山式・市来式[6]・黒川式などの土器群である。それぞれ度合いを異にするが，これらの土器群を在地土器文化が模倣・包摂していくことで共通する。なかでも曽畑式は，様式を構成する属性の大部分が受容され在地化しており，当該期の北琉球地方は曽畑式土器様式圏におおむね組み込まれたかのように見える。

曽畑式以外の土器群については，様式を構成する属性の一部のみを在地土器様式が受容する特徴をもつ。北琉球地方の前Ⅴ期後葉には，黒川式を構成する口縁部断面形態・器面整形技法・器種組成などの属性を模倣した在地土器様式が生み出される。一方，松山式・市来式については，それぞれの口縁部文様帯の模倣を前Ⅳ期前葉の仲泊式と面縄東洞式に見ることができる。

仲泊式は北琉球地方の中でも沖縄諸島を主体的分布圏とし，同時期の奄美諸島では松山式の口縁部文様帯をより意識的に模倣した一群が多数認められる。ところで，前Ⅳ期後葉と後Ⅰ～Ⅱ期（弥生前～中期相当）にも，沖縄諸島と奄美諸島で異なった土器様式の展開していた状況がうかがわれる。なかでも，後Ⅰ～Ⅱ期にかけて見られる様式圏細分化の動きは，搬入弥生土器からの影響の受け方の違いに現われている。搬入された九州系土器群への対応をめぐって，北琉球地方が二分される時期もあったのである[7]。

3　その他の地域との関わり

北琉球地方最古段階の土器群に爪形文土器がある。この一群については当初縄文草創期に位置づける考え方が大勢であったが，火山灰編年と放射性炭素測定年代から，縄文前期前葉相当期に属するものであることがその後明らかになった。一方，当該土器群に共伴する石器器種組成からは，

琉球以南の諸地域の先史文化との共通性もうかがわれる。このことは，北琉球地方の爪形文土器そのものについても，同様な地域とのかかわりを考慮する必要があるものといえる。

琉球縄文文化と，南琉球地方やさらに南の地域の先史文化との交流については，依然として不明確な部分が多い。南琉球地方の八重山諸島波照間島から，前Ⅴ期前葉の宇佐浜（宇宿上層）式が採集された例もあり，今後の資料の増加が期待される。

中国大陸とのかかわりも，今後に残された検討課題である。前Ⅳ期後葉から前Ⅴ期にかけて形成された沖縄本島那覇市城嶽遺跡からは，中国河北省付近に位置した燕の明刀銭が出土している。山形県三崎山遺跡出土の青銅刀子とならんで，縄文文化と古代中国との接触を垣間見せる資料である。

間接的に朝鮮半島との関連をもつ土器も見られる。九州縄文晩期の黒川式には，南朝鮮青銅器時代前期の無文土器からの影響と推測されている口縁部直下に孔列を施した土器が散見できる。前Ⅴ期後葉には黒川式の模倣が顕著な在地土器様式が展開するが，沖縄本島宜野湾市宇地泊兼久原遺跡から同様の孔列を施した小形の浅鉢形土器が出土している。

4　琉球・九州間交流の背景

このようにさまざまな地域との交流の痕跡が認められる琉球縄文文化であるが，土器文化の面では九州地方との関わりが現在までのところ最も明確である。しかし，北琉球地方への九州系縄文土器の搬入は断続的で，在地土器文化への影響も短期間で消化される。

前Ⅳ期前葉の面縄東洞式には市来式を模倣した一群が見られるが，その中には面縄東洞式前後の土器群の通例と異なり，市来式と同程度の大形の深鉢形土器も若干存在する。黒川式の影響が色濃い前Ⅴ期後葉の在地土器様式は，器種組成の模倣が特徴的である。

琉球縄文土器文化は，小形の深鉢形土器のほかに，壺形土器を時折まじえた器種組成が前Ⅲ期以後伝統となる。したがって上述の例は，一時的でその後に継続しないが，在地土器文化に本来不要の土器機能の必要性がにわかに生じたことを意味する。つまり，生活様式を携えて琉球縄文社会に

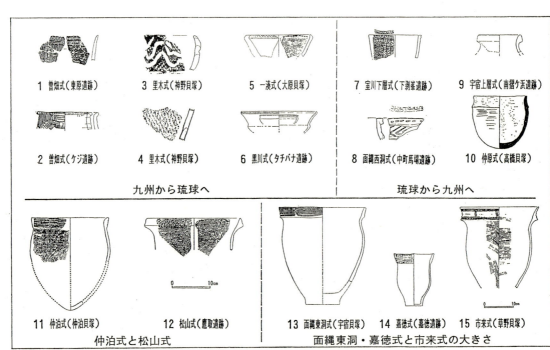

図1 琉球・九州間の縄文土器交流

合流した九州縄文人の存在も考えることができる。

　九州に搬入された琉球系縄文土器の終着点の多くは南九州島嶼部である。なかでも熊毛諸島では，縄文後期後葉から晩期と，弥生後期から古墳時代相当期にかけて，九州本土とは異なった独自の土器様式が展開する。弥生後期から古墳時代相当期にかけての熊毛諸島は，貝札・貝輪などの多様な貝器が北琉球地方と共通するほか，土器様式についても親近性が指摘されている[8]。このように熊毛諸島の独自化動向の背景に，琉球縄文文化が九州地方へ及ぼした少なからぬ影響の一端を見てとることができる[9]。

　琉球と九州の交流が土器に跡付けられる反面，交流を促した主たる要因は判然としない部分が多い。縄文後期の鹿児島県市来貝塚や長崎県佐賀貝塚から，琉球列島海域原産と考えられる貝製装飾品が出土している。弥生時代の琉球・九州間には，貝と金属器・ガラス玉などの交易が成立する。黒曜石・ヒスイ・鹿角などの琉球側の需要に対応した交易が，縄文時代に先行的に存在した可能性も推測できるのである。

　註
1) 主に口縁部の突起を指標として，北琉球縄文相当期の土器を縄文土器の範疇に含める見解は，鳥居龍蔵が初めて提示し，その後松村瞭・山内清男らが受け継いでいる。
2) 大林太良「縄文時代の社会組織」季刊人類学，2—2，1971
3) 伊藤慎二「琉球縄文文化の枠組」南島考古，13，1993
4) 伊藤慎二「沖縄編年の現状と諸問題」史学研究集録，19，1994
5) 本論では，北琉球地方の土器文化の伝統的一体性を重視して，奄美・トカラ諸島にも便宜的に沖縄編年を適用した。
6) 河口貞徳「市来式の祖形と南島先史文化への影響」鹿児島考古，15，1981
　本田道輝「南島と市来式系土器」南日本文化研究所叢書，18，1993
7) 沖縄と奄美間の土器交流も存在するが，両地域の土器様式の細分や系統としての型式組成などに関して未確定の部分が多く，今後の検討課題としたい。
8) 中園　聡「土器様式の動態」人類史研究，7，1988
9) 鹿児島県納曽遺跡・大渡遺跡・市来貝塚から，市来式に伴って乳房状尖底土器が出土している。種子島鷹取遺跡・宮田遺跡から出土した奄美系とされる細沈線を施した土器を考慮すると，仲泊式による松山・市来式への影響の産物という可能性もある。

〈謝辞〉　小稿を草するにあたりご教示を賜りました高宮廣衞先生・安里嗣淳氏・新東晃一氏に御礼申し上げます。

鏡鋳型を出土した
福岡市飯倉D遺跡

福岡市城南区七隈3丁目844番地に所在する飯倉D遺跡でマンション建設に伴って約7,000m²を対象に発掘調査が行なわれた。弥生時代後期から奈良時代の遺構群で、標高12〜20m前後の丘陵上に立地する。竪穴住居跡、焼成土坑、溝、貯蔵穴などの遺構や鏡の鋳型、鉄滓、鞴の羽口、鉄器、石庖丁、砥石、弥生土器、土師器、須恵器などの遺物が出土した。

構　成／中村　浩・中池佐和子
写真提供／福岡市教育委員会

調査区全景（上左：北西から，上右：上空から）

↓SC 144 竪穴住居跡ほか　　　SC 60 竪穴住居跡ほか→

鋳型の見つかった SC 246 A 竪穴住居跡（弥生時代）
（上左：西から，上右：上空から）

SC 246 A 竪穴住居跡出土の銅鏡鋳型の破片

福岡市飯倉 D 遺跡

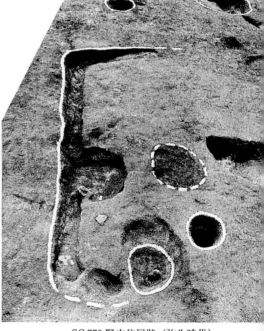

SC 770 竪穴住居跡（弥生時代）

SC 935 竪穴住居跡ほかの重複状況（古墳時代）

東日本最古級の前方後方墳
千葉県高部古墳群

30号墳墳丘近景
（ややなだらかで広い墳丘）

32号墳墳丘近景（急傾斜で円丘的な墳丘）

東京湾岸の丘陵に位置する高部古墳群では、3世紀中葉〜後半に遡る2基の前方後方墳の存在が明らかにされた。両古墳とも高さ4mの壮大な墳丘と整然とした築造企画を備え、中国鏡・鉄鏃・手焙形土器といった共通の遺物を合わせ持っており、東国における前方後方墳の出現、ひいては古墳の出現に関して重要な問題を提起する事例となった。
　　構　成／小沢　洋
　　写真提供／君津郡市文化財センター

高部古墳群調査区全景（前期〜終末期の古墳が混在する）

32号墳・手焙形土器（周溝内施設出土）

30号墳・中心主体遺物出土状況

千葉県高部古墳群

32号墳・高坏群（墳頂部出土）

30号墳・手焙形土器（墳頂部出土）

32号墳・鉄鏃（中心主体出土）

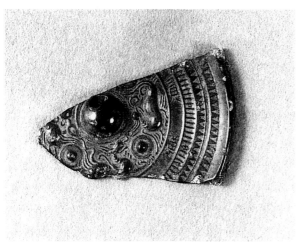
32号墳・四獣鏡片（中心主体出土）

30号墳・二神二獣鏡（中心主体出土）

● 最近の発掘から────────────────

弥生後期の生産集落────────福岡市飯倉D遺跡

中村　浩*・池田榮史**・田尻義了***　**大谷女子大学教授・**琉球大学助教授・***琉球大学学生*

1　遺跡の位置と環境

　本遺跡は，南側背後に油山を配し，福岡平野と早良平野の境の丘陵上に位置する。現状は独立丘陵を呈しているが，かつては南北に連なる丘陵であったと見られる。周辺には室見川や那珂川などの河川が比較的多く見られる。当該遺跡の位置する飯倉丘陵には弥生時代前期末の甕棺墓群（飯倉C遺跡）や，古墳時代中期の梅林古墳，拝塚古墳などの前方後円墳が所在する。当該遺跡の所在地は，地積上福岡市城南区七隈3丁目844番地である。

2　調査の経過

　平成5年に当該遺跡地約 7,000 m² を対象とするマンション建設の計画が提出された。工事に先立って福岡市教育委員会が試掘調査を実施し，遺構・遺物の存在を確認し本格的な全面調査を指示されるにいたった。やがて平成6年2月2日から大谷女子大中村浩，琉球大学池田榮史ほかの指導のもと，大谷女子大学，琉球大学，早稲田大学，東京大学ほかの大学院生・学生の参加によって発掘調査が行なわれ，4月23日に，すべての外業調査を完了した。

　調査では，当初土砂の排出に手間どり，やや進捗状況に不安があったものの，やがてそれらの問題も解決し，全域の調査を行なうことができた。調査によって弥生時代後期中葉から後半にかけての竪穴住居跡，掘立柱建物跡，小児用甕棺墓，溝，土坑，貯蔵穴，古墳時代後半の竪穴住居跡，溝，土坑などのほか，奈良時代以降の竪穴状遺構，焼成遺構など多数の遺構が検出された。さらに遺物には，弥生土器をはじめ弥生時代の石包丁，ビーズ玉，砥石，鏡鋳型，古墳時代の須恵器，フイゴ羽口，さらに奈良時代以降の須恵器や鉄滓などの遺物が出土している。

3　遺跡の概要

　遺跡の所在する丘陵の標高は，12〜20 m をはかり，その全域から遺構が検出された。しかし注意深く観察すると，遺構の多くは，丘陵北側および東側斜面に集中している。小児用の甕棺は北東斜面から単独で位置し，溝状遺構は，丘陵中位を巡るように断続的に2条検出されたが，いずれも遺存状態が不良で，全体を完全に巡っていたものか，特定の範囲を閉鎖したものなのかは明ら

かではない。

　弥生時代の竪穴住居跡群は北側斜面，古墳時代の竪穴住居跡は東側斜面に多く検出されている。これらの竪穴住居跡は，同一地点で2〜3度の建て直しが行なわれており，ほとんどに遺構の重複が認められる。なお住居跡の斜面下方側部分は大抵は流出しており，このため遺構の検出は丘陵上方側半分程度しか行なえなかった。この状況は，東，西，北側斜面の弥生時代および古墳時代の住居ともに同じであり，遺構の遺存状態には，規模や重複状況など基本的には，大きな差は見られなかった。

　なお北側斜面の弥生時代後期中葉と見られる竪穴住居跡から銅鏡の鋳型が床面に食い込む状態で検出されたことと，床面に炭灰の散布が見られ，かつ床が部分的に高温のため焼けていたこと。さらに東側斜面の古墳時代の竪穴住居跡1棟のみ，炭灰が床面全体に堆積しており，焼失したものと見られたほかは，特別異常の観察された住居跡はなかった。

　西側斜面からは，まとまりのつかないピットや貯蔵穴などが多数検出された。さらに北西部斜面裾付近で，径 4.3〜4.4 m 前後をはかるトンネル状の部分を含む竪穴遺構が2基確認された。これらは内部から奈良時代の須恵器や土師器，さらに鉄滓の大小破片多数を採集した。また焼成土坑（遺構）は，丘陵の西側，北側の各所から検出されており，内部には黒色の炭化物が充満しており，周囲は高温によって焼けている。

　このほか丘陵頂上部分に，近世〜近代の天満宮に関連する祠が所在したといわれ，その痕跡である多数のピットや溝の遺構，さらに陶・磁器，瓦などの遺物も採集されている。

4　鋳型の出土した住居跡

　銅鏡の鋳型が出土した竪穴住居跡は，SC 246 A 住居跡である。一辺 3.9 m をはかる方形を呈する住居であるが，丘陵斜面のため北側半分はすでに失われている。残存する壁面にそって壁溝が巡っている。このA住居はB住居を切って作られており，さらにA，B住居に切られてC住居が存在する。C住居は床を張り替えており，大きな建て直しが認められる。

　鋳型はA住居の中央部からやや東側によった床面に密着あるいは食い込むような状態で出土した。同住居床面

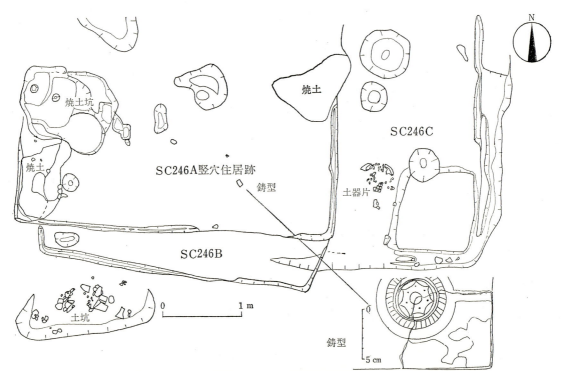

SC 246 A～C 竪穴住居跡と鋳型

からは大量の焼土，炭化物が一面に散布していることが確認された。その状態からは当該住居が焼失したものとは考え難く，むしろ内部でこれらが生じる原因となった作業が行なわれたと考えられた。とくに西南隅からは70×90 cm の焼土塊が検出され，調査者は住居に伴う炉跡ではなく，鋳型に関連する施設と見ている。いずれにせよ，床面からは銅の破片らしきものも採集されており，考古学的には当該遺構が青銅製品の生産場所であることが確実視される。さらに今後の分析の結果によっては，当該住居跡で銅の鋳造が行なわれていたことを，自然科学からも証明できるかもしれない。

5　出土した鋳型について

鋳型は，ほぼ方形を呈し，7.2×6.0×3.8 cm をはかる。石材は正確な分析を経たわけではないが，灰白色，塊状，細粒，斑状をなしており，石英―長石斑岩の可能性が濃いと見られる。鏡背文様の刻まれた面の裏に矛の鋳型が刻まれている。鏡の約 1/4 前後と湯口部分が残されており，鈕の一部も認められる。これらから鏡を復元すると半径 3.1 cm 前後となる。鏡式は内行花文鏡で，外区に櫛歯文，内区に内行花文を配置し，花文は 7 弧と見られる。鏡背文様および湯口部分は黒色に変色しており，明らかに使用されたものと見られる。なおこの鋳型に近似する製品としては，山口県下関市所在の秋根遺跡出土鏡が 7 弧で，面径 6.3 cm と近いが，残存状態が不良で検討が必要である。

矛の袋部が見られる面は鏡の面に比較してやや薄いが，黒色に変色しており，実際の製作に使用されたと見られる。ただし時期的な面から，また面の一部が丸く削られていることなどから当該鋳型は，矛に使用後，鏡用に転用したものと考えられる。いずれにしても矛と鏡が同じ鋳型に見られたのは，わが国最初のものであり，また内行花文鏡の鋳型としてはわが国 4 例目となる。

6　まとめにかえて

飯倉 D 遺跡は，以上紹介してきたように，鏡と矛を刻んだ鋳型の出土，また時代が下がるが竪穴遺構からの溶鉱滓，鍛冶滓の出土によって，単なる集落遺跡ではなく，青銅器，鉄器などの生産集落遺跡となる可能性が濃い。従来知られていた福岡県春日市須玖永田遺跡とともに弥生時代の青銅器生産解明に重要な遺跡である。現在，これらの調査成果を刊行すべく鋭意整理作業中である。大方の御教示を乞うものである。

●最近の発掘から

東日本最古級の前方後方墳——千葉県高部古墳群

小沢　洋　君津郡市文化財センター

1　遺跡の位置

高部古墳群は，千葉県木更津市請西字千束台・字高部に所在する。木更津市は房総半島の中西部，東京湾へ注ぐ小櫃川の下流域に位置し，古代「馬来田国造」の領域に比定される地域である。河口付近の沖積地には，高柳銚子塚古墳・祇園大塚山古墳・稲荷森古墳・金鈴塚古墳など，中期から後期の100m級大形前方後円墳が分布しており，祇園・長須賀古墳群と呼称されている。

また市南西部の海岸に面した丘陵上には，仿製三角縁神獣鏡・舶載四獣鏡などの副葬品を有する墳丘長60mの前期古墳・手古塚古墳が存在し，前期から後期まで一貫して大形古墳を造営した地域として知られる。高部古墳群は，現木更津市街に接した丘陵尾根上に分布する古墳群であり，手古塚古墳の北東2kmの地点にあたる。丘陵の標高は45m前後で，東京湾と対岸の三浦半島，遠く富士山を一望できる眺望のすぐれた場所である。

2　調査の経過

高部古墳群は，北東から南西へ延びる丘陵の尾根上に分布しており，総数50基以上の古墳が確認されている。このうち丘陵の南側が千束台土地区画整理事業区域に含まれることとなり，1990年度に確認調査を実施，1992年度に南端部に位置する3基の古墳を調査し，1993年度に21基の古墳を対象とした発掘調査が実施されている。

3　古墳群の概要

これまでの調査により，当古墳群の造営期間は，古墳時代前期から終末期（一部奈良時代）までの長期間にわたることが判明している。中でも古墳時代初頭の築造と見られる2基の前方後方墳からは，鏡や手焙形土器などの注目すべき遺物が出土し，東国の出現期古墳を考える上で，きわめて重要な事実が明らかにされた。

古墳群全体の概要について略説しておくと，まず前期前半段階に2基の前方後方墳と2基の方墳が相次いで造営され，その後，前期後半〜中期前半の古墳が欠如しているが，この期間には丘陵上に集落が営まれていたと見られる。5世紀後半にはまとまった数の小規模円墳の築造が見られるが，続く6世紀前半は円墳規模の拡大とともに古墳数は減少しており，6世紀後半に至って再び古墳数が増加して，円墳の造営は一部7世紀初頭まで及ぶ

と考えられる。しかし7世紀代の大部分は再び空白期間となり，7世紀末以降に再び方形墳墓の造営が開始されて，その下限は火葬を採用する段階（奈良期）まで及んでいる。以上のように，当古墳群には前期〜終末期の各時期の古墳が混在している状況であり，基本的には同一集落の代々の長によって，形成された古墳群と考えられる。このような一丘陵単位での長期的な古墳群の形成過程は，周辺の丘陵上古墳群とも共通するものである。

4　前方後方墳の概要

高部32号墳　前方部を南東側へ向ける前方後方墳で，墳丘長27m・周溝を含めた全長約30mを測る。後方部は縦軸長20m・横軸長17mで横長の形態を示し，前方部は長さ10m・前面幅10m・括れ部幅7mを測る。後方部の墳丘は円丘的であり，側面が急傾斜で墳頂面の狭い截頭円錐形を呈していた。これに対して，前方部の墳丘は現表土とほとんど変わらない状態であった。

周溝は最近まで使用されていた山道によって3方向から切断されており，外壁が残存していたのは後方部北東辺と前方部南側面に限られる。なお前方部前面には周溝が検出されていない。残存する後方部北東辺の周溝は，辺中央部の外壁がブリッジ状に内側へ張り出す特異な形状を示す。また前方部東側の周溝内壁は2段となっており，築造過程での掘り直しの跡と認められる。

中心主体は後方部の中央，墳頂下1.1mに位置し，墳丘主軸に直交する木棺直葬である。副葬品は北東側頭位から，斜縁四獣鏡片（破鏡）と朱塊，足位両側から鉄鎌2本が出土した。また木棺上約70cmの面からは，埋葬後の祭祀に使用したと思われる高坏約6個体分が破砕した状態で検出された。これらの高坏は，脚部の内弯や横走沈線など東海地方西部の技法で製作されたものである。

一方，周溝内にも前方部南側・前方部東側・後方部北東辺の3ヵ所に埋葬施設があり，このうち前方部南側の施設内から鉄製釣針と鉇，墓壙上から底部穿孔の手焙形土器が出土したほか，同周溝内から壺も出土している。

高部30号墳　前方部を北東側へ向ける前方後方墳で，墳丘長34m・周溝を含めた全長38.5mを測る。後方部は縦軸長23m・横軸長22mでわずかに縦長の形態を示し，前方部は長さ12m・前面幅10m・括れ部幅6mを測る。後方部墳丘は32号墳と比較すると方丘的で，側面

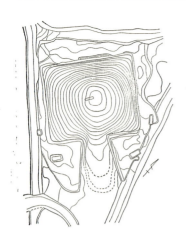
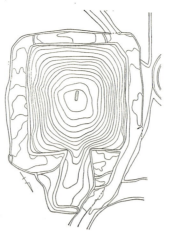

図1　高部32号墳墳丘図（1/800）　　図2　高部30号墳墳丘図（1/800）　　図3　高部30号墳二神二獣鏡（1/4）

傾斜も緩やかであり，墳頂面も広かった。前方部は低く，後方部側からなだらかに下降する状況となっていた。

周溝は整然とした形態で，隅部に比して辺中央部が深く，やや幅広くなっており，隅部の外壁は隅切状の形態を示す。前方部前面にも細い周溝がめぐり，北隅は後期の円墳によって切られているが，端部の立ち上がりが残存することから，ブリッジを有していたと考えられる。

中心主体は後方部の中央，墳頂下1.35mに位置し，墳丘主軸に合致する木棺直葬である。副葬品は北東側頭位から，破砕した状態の二神二獣鏡と朱塊，胸部付近の位置から鉄鏃2本が出土した。また木棺上1.1mの墳頂部直下から，手焙形土器1個体が据え置かれた状態で出土しており，手焙形土器の周囲には焼土層が認められた。

周溝内からは，古墳に直接伴う良好な土器は検出されておらず，周溝内の埋葬施設も存在しない。

5　方墳の概要

当古墳群では2基の前方後方墳とそれぞれ近い時期の築造と見られる2基の前期方墳が存在する。

高部49号墳は32号墳の北西側に隣接し，主軸を同じくする方墳で，墳丘辺長10mを測る。2基の木棺痕が縦に並んで検出され，中央部の木棺から鉄鏃1・砥石1が出土したほか，周溝から破砕した壺形土器が検出された。

高部31号墳は30号墳の南東側にやや離れて存在する同一主軸の方墳で，墳丘辺長13～15mを測る。埋葬施設については明確に把握されなかったが，周溝内から底部穿孔の壺形土器が，墳丘下から筒形器台が出土している。

6　出土鏡について

四獣鏡（32号墳出土）　全体の約1/6程度の破片で，鈕部が残存し，復原直径11cmを測る。破面に研磨痕が認められ，鈕孔にも摩滅が見られることから，破鏡として長期間使用されたものと考え得る。内区に半肉彫の獣文（龍・禽獣）を配し，その外側に銘帯，外区に櫛歯文と2重の鋸歯文がめぐる。銅質は良好で鏡背には朱が付着する。銘文は2文字「竟眞」が残存し文字数は9文字と推定される。近似鏡として広島県池の坊古墳・同県蔵王原遺跡・鳥取県石州府29号墳・兵庫県塚ノ元古墳出土鏡などをあげることができる。

二神二獣鏡（30号墳出土）　直径14.4cmを測り，内側の一部分を欠失する。32号墳出土鏡よりも銅質はやや悪く，緑錆が鏡背に噴き出している。出土状況は，折り重なって鏡面・鏡背を向けた破片があり，故意に破砕して副葬されていたもの（打割鏡）と考えられる。鈕孔は方形であり，鈕の周囲に34個の珠文がめぐる。内区には龍鳳座を伴う一対の神像（東王父・西王母）と一対の獣文（龍・虎）を配し，その外側に銘帯と櫛歯文と鋸歯文，最も外側に獣文帯がめぐる。外区の獣文帯は円文によって4つに区画され，それぞれ玄武・白虎・朱雀・青龍を配する。また獣文を区画する円文には，一対の五銖銭文と月を表わす蛙・日を表わす鳥の図文が用いられている。銘文は「□□□明竟好潔無疆服者賢奉敬良 子 孫 番 昌」（傍線部不明確）と判読されている。

7　まとめ

高部32号墳・30号墳は，3世紀後半代における木更津地域の最有力族長層の2代にわたる墳墓と考えられる。両古墳とも高い墳丘と整然とした平面規格を備え，中国鏡・鉄鏃・手焙形土器など共通した遺物を有していることが注目される。32号墳の東海系高坏は，3世紀中葉まで遡る可能性があり，明瞭な墳丘を備えた前方後方形墳墓としては最古段階に属すると思われる。両古墳の出土鏡が破鏡・打割鏡といったあり方を示す点も重要である。同じ東京湾東岸には，前方後円形墳墓を継続的に営んだ市原市神門古墳群があり，その比較を含めて，当古墳群は東国の古墳出現期研究に多くの課題を提起している。

連載講座
縄紋時代史
22. 縄紋人の集落(2)

北海道大学助教授
林　謙作

　前回，紙面の都合で，関野克の業績の中身には触れることができなかった。はじめに関野の業績を紹介し，1940年代までの「集落論」の締めくくりをつけることにしよう。

1-4. 姥山以後(2)

　関野は，原始・古代の住居を，構造のうえから竪穴・平地・高床の三種類にわけ[1]，出入口のほかには隙間というもののない竪穴は「防寒的な北方系」・開放的な高床は「避暑的な南方系」の住居で，平地住居は「中間的な暖帯系」の要素であるとする[2]。関野はこれら三種類の住居の変遷から，原始・古代の住居の系統の変化を読みとろうとする。縄紋前期・中期には北方系の竪穴住居が主流となっていたが，中期から平地住居があらわれ，後期になると平地住居あるいは平地式の敷石住居が主流となる[3]。そして「弥生時代末には高床式家屋が知られ，歴史時代を通じて日本住宅建築は前記平地系の民家と高床系の宮殿」との交渉とともに変遷をたどることができるが，竪穴住居は「大略原始時代のみの住居形式で，後世の住宅建築に直接の関係を持ち得ない」[4]というのが，関野の解釈である。

　このような解釈は，今日からみれば単純にすぎる面がないでもない。いまわれわれの手許にある資料から判断すれば，住居ではないにしても，縄紋時代に高床の建物がなかったと断定することはむずかしくなってきている。「竪穴が原始時代のみの住居形式」だ，という判断も強引すぎるようだ。ただし一方には，羽柴雄輔や大野延太郎・鳥居龍蔵などの，一時的な作業場などに利用されている「竪穴」を原始時代からの遺風だ，とする素朴な意見[5]もあった。関野は，建築史の専門家としての立場から，このような意見に対して，竪穴が一般的な住居であった時代・それ以外のかぎられた用途に利用されている時代を区別すべきだ，ということを指摘したのだろう。

　このような問題はともかく，竪穴住居の構造についての関野の発言には，いまなお活きている部分が少なくない。関野の主要な論文のなかの，竪穴住居の構造にかかわる指摘を要約してみよう。

1-4-1. 「日本古代住居の研究」

1. 原始的な住居は一般に「単室一屋」で，用途による部屋の分割・複合はみられない (p. 1223)。
2. このような構造の住居を，床が地下にあるもの (竪穴住居)・地表にあるもの (平地住居)・地表を離れているもの (高床住居) に分類することができる (同上)。
3. プランは丸みを帯びた方形または円形で，方形のものは深く，円形のものは浅い。前者の年代は後者よりも古い (p. 1227)。
4. 上屋のプランは，四注づくり[6]が主流となる。しかし，寄棟づくり[7]や円錐形の屋根もありうる (pp. 1224-26)。
5. 上屋の荷重を，垂木(梃)・叉首[7]などを介して主柱につたえる構造を推定することができ，屋根を地上まで葺きおろしたと推定される場合がおおいが，周溝の部分に壁を立てている場合もありうる (pp. 1226-27)。
6. 前期の神奈川・折本貝塚の方形プランの住居址の主柱は壁から1mほど離れているが，中期の姥山貝塚B地点[8]の1号住居などの主柱は壁際にあり，屋内の空間を有効に利用する「構造の進歩」をうかがうことができる (pp. 1224-25)。

89

1-4-2. 「鉄山秘書高殿に就いて」

1. 四隅の丸い方形・円形に近いプラン・その対角線上にある四〜六本の主柱は，縄紋時代をはじめとする竪穴住居の特徴で，長い期間・広い地域にみられる（pp. 439-40）。

2. これとおなじ特徴は，中国地方の砂鉄精錬の作業場にみられる（p. 437, 439）。

3. 砂鉄精錬の作業場——高殿には，家根を地面まで葺きおろすもの（犬登づくり）と高さ1.2mほどの壁9)を立てるもの（切上づくり）がある（pp. 430-31, p. 436）。

4. 犬登づくりも切上づくりも，半地下式の構造でないが，主柱（押立柱）・副柱（仲押立柱）には，竪穴住居とおなじく，地面に掘った穴に柱を据える掘立の手法をもちいている（p. 432, 439）。

5. 切上づくりの高殿の主・副の柱，壁柱（切上柱）の配置を，縄紋時代の竪穴住居のプランと比較してみると，「高殿が大地に印する平面と，原始時代の竪穴住居址（中略）の間に一致点を見出し得る」（pp. 37-41）。

6. 床面のプランが一致すれば，上屋の構造も一致するとはいい切れない。しかし，高殿の構造は「原始的且単純で，他に可能なる構造形式は考へ難い」。また，奈良・佐味田古墳の家屋文鏡や家形埴輪などにも共通する構造がみとめられる。したがって，高殿をモデルとして，縄紋時代の竪穴住居の上屋の構造を推定するのは妥当であろう（p. 442）。

7. 高殿の構造は，主柱・副柱と桁（本台持・妻台持）を組みあわせた主構造（台持）とその上に乗る小屋組にわかれ，
   a 台持から四方に垂木（長尾・通長尾）をおろし，そこに屋根木舞（屋中）を渡して桁から下の構造（軸）ができあがり，
   b 桁の上に叉首10)を組み，棟木をささえる。棟木の両端は，桁の上に垂直に立てた棟持柱（立柱）でささえる。ここに垂木（榁）と梁を組んで小屋組（火宇内）が完成する（pp. 435-36）。

8. この結果，完成した高殿は，切妻屋根の建物本体（身舎）の四方に庇をつけた一種の入母屋づくり（綴葺入母屋づくり）に近いかたちになる（p. 435）。

9. 高殿の入口は，平面の四辺の中央ではなく，建物の角にある（p. 438)11)。

10. 柱を立てて桁を渡すときには，「摺シ木」12)とよぶ足場？を組む。竪穴住居の床面には，しばしば「無意味と思われる小柱穴」がある。そのなかには，「摺シ木」のように，住居を建設する作業のときにできたものも含まれているだろう（p. 441）。

1-4-3. 「埼玉県福岡村縄紋前期住居址と竪穴住居の系統について」

1. 福岡村（現在上福岡市）上福岡の15ヵ所の地点貝塚は，関山式・黒浜式土器をともなう竪穴を利用したものである（p. 366）。

2. このうち，遺跡北端にまとまる三地点（F, K, M）の住居址をA群・その南側の地点（C, D, G〜J, O）のものをB群とする。A群からは関山式，B群からは「黒浜式及びそれに近い土器」が出土する（p. 367）。

3. 関山期の住居には主柱がなく，壁沿いに細い柱をほぼ等間隔にならべるが，壁溝はともなわず，プランは直線的な長方形・台形になる（pp. 367-69）。

4. 黒浜期の住居には，普通4〜6本の主柱がともない，正方形・長方形・台形いずれのプランでも隅に丸みがつく。壁溝のなかに壁柱を立てるものが多いが，ほぼ等間隔にならぶ場合・間隔が一定しない場合・関山期と同じく壁溝のない例もある（pp. 369-75）。

5. 関山期の住居は「叉首中心」，黒浜期の住居は「柱中心」で13)，上屋の構造にも切妻づくり（関山期）と方形あるいは寄棟づくり（黒浜期）という違いがあろう（pp. 379-80）。

6. 壁溝は排水のためではなく，壁柱を支えとする壁の裾を埋めこむもので，土留の施設である（p. 379）。

7. 竪穴の床面積を主柱の数で割ってみると，柱一本あたりの床面積は5〜6m²になる14)。姥山貝塚接続溝の住居は主柱4本・面積12.2m²で，主体1本あたり3.3m²になる。これよりも面積の小さな——たとえばD地点住居のうちの最初のもの（D-1住居）のように一辺3.5m以下のもの——は，主柱がなくともさしつかえない（同上）。

8. A群のうちK地点，B群のうちC地点・D地点・I地点の住居では，何本かの主柱がきわめて近い位置にあり，壁溝も二重・三重にめ

ぐっている。I地点住居では，古い住居の壁溝の上に新しい住居の炉が作られており，住居の拡張[15]があったことをしめしている（pp. 368-69, 371-76）。

9. C地点住居のように四方に拡張している場合と，K地点住居のように長軸方向だけを拡張する場合がある。これは上屋の構造の違いを反映しており，前者は方形あるいは寄棟づくり，後者は切妻づくりであろう（p.376, pp. 379-80）。

10. 一回あたりの拡張面積の平均は，ほぼ $3m^2$ になる。家族の人数が増えるたびに拡張をおこなったとすれば，竪穴住居のなかの一人あたりの必要面積を $3m^2$ と推定することができる。炉の占める面積を $3m^2$ とすれば，住居の面積 A と住居に住む人数 n のあいだには，
$$A=3(n+1), \quad n=A/3-1$$
の関係が成り立つ（pp. 376-38）。

　関野の論文を読みなおしてみて，数少ない論文のなかに，いくつもの重要な問題が指摘してあり，縄紋時代の住居の構造がきわめて具体的に説明してあることに，あらためて気づいた。私のこの経験から考えても，考古学の研究者が関野の意見をどれだけ理解してきたのか，心もとない。たとえば関野は，先史時代の住居の研究は神話・伝承の解釈では不十分で，「住居遺跡」の分析を出発点とすべきことを説く[16]。しかし後藤守一は，切妻屋根を地面まで葺きおろした「天地根源宮造（てんちこんげんみやづくり）」がもっとも原始的な建築だという宮大工のあいだの伝承にこだわり[17]，屋根が円錐形になる住居もあるという関野の意見[18]を否定する[19]。

　この事情は今日まであまり変わっていない。上福岡の竪穴住居の論文のなかの，竪穴に住んでいた人数を割りだす「関野公式」は，しばしば引用されている。しかし，おなじ論文のなかで指摘されている叉首中心・柱中心という住居の構造の違い，土器一型式のあいだにこの違いがうまれている理由，あるいは住居の拡張という解釈の当否，これらの点については，ほとんど突っ込んだ議論はおこなわれていない[20]。たとえば，1960年代なかばに麻生優が執筆した縄紋時代の住居・集落の概説では，はじめに円形・方形という住居址（＝遺構）のプランの違・い・が・，円錐形の屋根・切妻（四注）づくりの屋根という構造の違いと結びつい

ている，という説明がある[21]。しかし，それにつづく各時期・各地域の住居のうつりかわりは，もっぱら円形・方形という遺構のかたちの違いで説明されている[22]。

　麻生がこのような説明のしかたをえらんだ理由は十分理解できる。あるていど住居址を見なれている人——つまり考古学の研究者にとっては，円形プラン・方形プランという「符牒」technical term から，主柱の位置・炉の位置と形や構造・壁柱や壁溝など，付帯施設の遺構までむすびつけたイメージを組み立てることはそれほどむずかしいことではない。だから，考古学の研究者を相手にしている場合には，このような説明のしかたで，手みじかに話を済ませることができる。

　しかし考古学の勉強をはじめたばかりの学生・専門家ではないが考古学には興味があるというような人びとを相手にしている場合にはどうだろうか。彼らは，縄紋時代の住居ははじめは四角でのちに丸くなったというのは間違いで「東西日本の地域差と時代差をしめすもの」だ，早期には四角な住居が東北から関東にひろがっていたが炉はともなわない[23]，……といった説明を頭にいれるだけで疲れてしまうだろう。

　考古学の研究者でないひとびとに，縄紋時代の住居の年代差・地域差を説明するには，遺構の輪郭ではなく，住居そのものの特徴を説明するほうがわかりやすいはずだ。つまり，円形プランというかわりに円錐形の住居，方形プランというかわりに四注づくりの住居というべきなのだ。このように，専門家でない人びとにもわかりやすい「言葉」をつかうことは，考古学の研究者自身にとっても必要なことだ，と思う。

　われわれがもっている，縄紋時代の集落・集落のなかの住居のイメージは，どれだけ具体的なものだろうか。関東地方の黒浜期の集落といえば，切妻屋根・長方形プラン・周溝・地床炉……などの「符牒」を思いおこすことはできよう。しかし，集落の復原図，あるいは住居の小屋組の平面図・断面図を描くことはできるだろうか。できる人はごく少数で，博物館で縄紋集落の模型の展示をうけもったり，遺跡整備で復原住居を建てた——つまり目に見えるかたちとして専門家でない人びとに集落や住居のイメージを伝えた——経験があるにちがいない。われわれが，上手・下手はともかく，集落や小屋組の復原図を描くことがで

きないのは，われわれが切妻屋根・長方形プラン……といった「符牒」を使うことに馴れすぎていて，さらに踏みこんだ説明をする必要を感じていないからなのだ。

「符牒」technical term というものは，仲間うちの共通の経験や定義の産物だから，その範囲でのイメージとつよく結びついており，仲間うちでの説明や議論の手間をはぶく有効な手段となる。その反面，理解のあいまいさ・個人ごとの定義や中身のズレなどは表にはあらわれない，という副作用もある。符牒を使って考え，議論することになれ過ぎてしまうと，経験や定義の枠からはみだす問題を看すごしてしまう。また，「符牒」というものが「仲間うちでない人びとにとってはほとんど意味のない言葉」jargon にすぎない，ということも意識しなくなってしまう。その結果どうなるか。それは，われわれが集落や住居の復原図を描くことのできない理由のひとつは，寄棟造・小屋組・錣葺……といった 建築史 の 分野 でのjargon になじみが浅いからだ，ということを考えてみれば，見当がつくだろう。話が脇道にそれてしまった。本題に戻ることにしよう。

1-5. 「原始聚落の構成」から「縄文時代集落研究への基礎的操作」まで

1-5-1. 「原始聚落の構成」前夜

姥山貝塚の調査は「穴居」をめぐる取りとめもない「考証」に終止符を打ち，「住居」についての実証的な「研究」の出発点となる。人骨の採集を目的とする発掘がおこなわれるようになって，人骨の埋まっている貝層下土層にまで調査が及ぶようになり，それが関東地方の貝塚での分層発掘の出発点になる[24]。

人骨採集という目的と分層発掘という方法，このふたつが姥山の調査が成功する前提になっている。住居址の調査は分層発掘のいまひとつの成果——土器型式の編年とともに進行する。この点に注目するならば，1920年代なかばから1930年代なかばにかけて活発になる住居址の調査を，土器型式編年の整備とともに考古学の組織化のあらわれを代表する動きのひとつに数える ことが できよう。さらにその背景には，第一次世界大戦前後の好景気，それにともなう人材養成の社会的な要求，その結果としての大学の制度的・経済的な整備と拡充などの動きを指摘することができる[25]。

このような意味で，姥山貝塚の竪穴住居の調査は，縄紋時代の研究というかぎられた分野ばかりでなく，日本の考古学の歴史のなかでも大きな意味を持っていることはあらためて評価せねばならない。その反面，姥山につづく一連の調査が，結局のところ住居址の調査におわっており，本格的な集落論は提出されていない，ということも事実である。たとえば禰津正志は，「……原始時代の全社会機構を，……遺物遺跡の研究に本づいて再現すること」が「考古学の中枢的な任務」であることを指摘し，「居住様式」・「共同墓地」をとりあげて，日本の石器時代に「原始的無階級の社会組織」があったことを説明する[26]。しかし「居住様式」の中身は，竪穴住居・敷石住居について解説し，遺物に日常品だけで奢侈品をまったく含まぬこと，住居の面積にも形態にもきわだった差がないことを指摘し，それは「未だ十分に個人的又は家族的富の蓄積が行はれなかつた」[27]ことをしめしているというにとどまっており，本格的な集落論というにはほど遠い。後藤や関野のようにいわゆるアカデミズムのなかで実証主義の立場をとる人びとと，禰津のようにアカデミズム・実証主義を批判し新興科学（＝マルキシズム）の立場をとる人にしても，集落というものの具体的なイメージを描き出すにはいたっていない。これが1930年代なかばから1940年代はじめにかけての集落研究の実情であった。

しかし当時の研究者が，このような限界を意識していなかったわけではない。関野は「一二の遺跡の調査に止まらず全体的な見地から発掘計画がたてられ，一つの遺跡に於ても個々の住居址から聚落的な研究に迄力を入れるべき」で，上福岡の調査はその点では「決して満足なものではなかつた」[28]と発言している。後藤守一も「……一住居群の総合的発掘調査は，未だ一回も試みられたこともなく，為に古代聚落の形態研究は，その一歩をも 踏み出してゐないといつてよい」[29]ことを指摘している。

後藤がこの発言をするのは1941年9月。その年の12月には，昭和天皇裕仁はアメリカ合衆国をはじめとする四カ国に宣戦を布告し，4年後にポツダム宣言を受諾し，全面降伏する。その4年間，この国の人的・物的「資源」は徹底的に戦争に浪費された。このような「不幸な事態」がおこらなければ，集落の調査は順調に発展し，本格的な集落論が成立していたのではないか。後藤や関野の

発言をみるかぎり，そのような想像もなりたつかもしれない。

たしかに，後藤は「石器時代聚落の外縁形貌」を確かめるという目的のもとに東京・楢原の集落を調査し，竪穴と推定される遺構が列状にならんでいること（街村と呼んでいる）を確認しているし[30]，東京・西秋留では，のちに「……かなり自由に発掘しまわって殆ど遺帙がなかったろうと考えている」[31]ほど徹底した調査もおこなっている。すくなくとも，後藤が「当時のジャスト・モメントにあった家の跡が明らかにされていないかぎり，縄文時代のムラを明らかにすることはできない」[31]ということを意識していたことは間違いない。

しかしその一方で，後藤は考古学研究の対象となるのは「風俗・制度・文物・技能等の文化事象であって，直接これのみによって政治史経済史等の研究を試みようとしてはいけない」[32]とも発言している。この発言を考えにいれれば，「ジャスト・モメントにあった家の跡」が明らかになったとしても，そこに描き出される「縄文時代のムラ」のすがたは，何種類かの住居・その規模と構造・炉の特徴などを羅列したもの，「古代聚落の形態」の説明にとどまってしまうことは目に見えている，といえば言葉が過ぎるだろうか。すくなくとも，禰津が考えたような目的に沿ったものにならぬことは確かだろう。

ここに引いた後藤の発言のわずか5年前，浜田耕作は「……考古学を以て……古代の風俗技能文化を研究するのみが其の任務なりとするが如きは，無用にして有害なる制限なり」[33]と述べている。なぜ，後藤が「政治史経済史等の研究を試みようとしてはいけない」と判断したのか，正確な事情はわからない。おそらく，1925年3月に普通選挙法と抱き合わせで国会を通過した「治安維持法」を意識してのことだろう。

この法律では，「国体ヲ変革シ又ハ私有財産制度ヲ否認スルコトヲ目的トシテ結社ヲ組織」するなどの行為ばかりでなく，これらの「罪ヲ犯サシムルコトヲ目的トシテ金品其他財産上ノ利益ヲ供与シ又ハ其申込，若ハ約束ヲナシタル者」まで処罰の対象となる。「国体」には幾通りかの意味がある[34]。ここでは天皇制国家をさしている。つまり，天皇制の廃止を主張する政党・サークル（＝結社）に参加することはいうまでもなく，資金カ

ンパ・活動の場所を提供する口約束をしただけでも，処罰の対象となるのだ。

いまの日本も天皇制の国家である。ただしこのころの日本は，「大日本帝国憲法」のもとに，天皇が統治する国家であった。天皇がただ一人の主権者で，天皇とその親族をのぞいた全国民が「絶対ニ，国家ニ従属シテ其ノ権力ニ服従スルコトヲ其ノ本質」[35]とする「臣民」である国家，それが「国体」の本質である。「原始的無階級の社会組織」のすがたを縄紋時代の集落からよみとろうとすれば，それは「万世一系」の「国体の尊厳」をきずつける行為で，治安維持法の取り締まりの対象になる。後藤はこのような理由で，考古学の研究の範囲に，浜田が「無用にして有害なる」ものとした制限をくわえたのだろう。自由な考古学の研究と天皇制の国家は，共存できる性質のものではなかった。将来もその点に変わりはない[36]。

1-5-2. 「原始聚落の構成」と和島集落論

1948年，和島誠一は「原始聚落の構成」[37]を発表する。当時部分的な調査が始まっていた静岡・登呂のいくつかの住居の規模がほぼ同じで，原始・古代の住居もこれを前後する規模であることを論拠として，日本の原始・古代には「大家族」なるものは存在しなかった，という主旨の戸田貞三の講演に対する反論のかたちをとっている。

和島はこの論文のなかで，茨城・花輪台や長野・尖石など，敗戦後におこなわれた調査・公表された成果をも引用している。しかしその論拠とするデータは，大部分が1920～1940年代に蓄積されたもので，実質的には戦前に発表する機会がえられなかったものをいち早く発表した，とみることができる。

和島は，「同じ棟の下に一つの炉を囲んで住む一団の人々を世帯として認めることは妥当である場合が多いであろう」が，それを「直ちに一単位の家族と考えること」ができるかどうか，それは別問題であることを指摘する[38]。かさねて，「大家族」が存在したかどうか，それは一つの住居に住んでいた人数の推測にもとづいて決定できるような性質の問題ではなく，「住居址とその成員が如何なる性格の聚落に属し，またその聚落の構成部分として如何なる機能」[38]を果たしているかをあきらかにして，はじめて解決できる問題であることをも指摘する。

個々の住居に住む人びと（＝世帯）は「主として

生活の 厚 生 の面」で，独立した機能を果たしてはいる。しかし，「日常の営みのうち最も重要な『生産』の面では，聚落全体の組織的な動きに強く規制される一部分として初めて意味」をもつ存在であった，というのが和島の結論である[39]。ここで和島は，姥山・草刈場など沿岸部の貝塚の中央部に「住居も作られず，貝も捨てられずに残された」部分があり[40]，宮坂英式の調査した長野・尖石にも「集団生活の結集点」と解釈できる区域が存在しており[41]，両者ともにいくつかの土器型式の変遷をたどれる期間にわたって維持されている，という事実に注目する。

これは，集落が存続していたかなり長い期間にわたって，共通の規制が維持されていた結果にほかならない。おなじ現象が，「個人狩猟を行い得る……狩猟者」の集落である尖石でも，「植物採集と狩猟以外に集団労働を行う場合の多い漁撈」に依存する姥山・草刈場でも認められるという事実から[42]，このような規制が偶然のものではなく，縄紋時代の集落に共通するもので，この時代の生産様式と本質的に結びついていたことをしめしている，という。

さらに和島は，縄紋時代の労働用具について，ふたつの点を指摘する。早期の花輪台貝塚から出土した「狩猟・漁撈・植物採集の基本的な用具がそれぞれの用途に応じて分化している」[43]。その一方，中期以降の労働用具には部分的な改良はみられるものの，質的な変化は認められない。したがって，労働力の増大（＝人口の増加）が縄紋時代の生産力の発展の大きな要因となる[44]。労働力がきわめて貧弱な段階，つまり花輪台貝塚のように集落の規模がきわめて小さい時期には，「集団が弱小であるだけに強暴な自然に対して強い結合が必要」[45]となる。一方，人口が増加し労働力が拡大しても，自然条件に変化がなく「略奪的な資源獲得方法」をとるかぎり，人口の増加は「定住性を危くする因子」ともなりうるから，協業・分業や乱獲の防止などの統制が必要となり，集落がひとつのまとまりとして生産の主体とならねばならぬ，ということになる。

和島は，1959年に刊行された『横浜市史』[46]のなかで，ふたたび縄紋集落論を展開する。「原始聚落の構成」のなかの論点にはほとんど変化がない[47]。ただし，早期の不安定な集落と定住性のつよい前期の集落[48]，台地中央の広場をかこむ住居の配置[49]，集落を構成する住居の数[50]や配置の変化[51]など，集落の具体的なありさまの説明がくわわっている。1955年に実施した南堀貝塚の調査の成果である。ここで，つよい定住性・強固な共同体的規制を前提とする馬蹄形あるいは環状の「定型的集落」のイメージが完成する。そして1960年代の末まで，和島の意見をひな形とした集落論がくり返されることになる。

和島の集落論は，日本考古学ではじめての本格的な集落論で，いわば集落論の原点ともいうべきものである。それだけに，和島の主張の特徴と弱点を，正確に評価しておくことは，今後の集落論の展開のために必要なことである。

「原始聚落の構成」でとりあげているのは，文字どおり「日本原始社会の集落」で，縄紋集落だけではない。まずこのことを確認しておく必要がある。和島が問題にしているのは，縄紋早期から8世紀にいたるまでの，社会的な組織としての集落，そしてそのなかの家族の変質の過程なのだ。したがって，ひとつの時期だけをバラバラに抜きだして，あれこれの欠点を指摘することは見当違いなのだ。「この論文によって，原始聚落の歴史的素描が与えられ，原始社会の基本問題である共同体論・家族論のための前提がととのえられた」[52]という評価は今日でもかわらない。

和島の縄紋集落論は，その社会が「本源的な貧困」のもとでの原始共産制，さらにくわしくいえば氏族共同体が生産の主役となっていた社会だ，という仮説にもとづいている。したがって，ひとつひとつのデータの吟味にもとづいて意見をまとめあげるという方向（上向法）ではなく，仮説から出発してデータに解釈をくわえるという方向（下向法）がとられることになる。和島の集落論は帰納的ではなく，演繹的な性質のものであることはほとんど注意されていない。和島の論理の組み立てが演繹的なものである以上，あらかじめ決まっている結論を引きだすために材料を操作している，という批判も的はずれなのだ。

ただし，和島の発言のなかに仮説の検証といえる部分がほとんど含まれていないことは否定できない。ここで，この論文が1948年，つまり戦前の天皇制が崩壊したばかりの時期に発表されている，という事情を考えにいれる必要がある。先に指摘したような天皇を唯一の主権者とする国家のもとでは，天皇の支配を否定する立場をとろうと

する人びとは，マルキシズムの理論が科学的な裏づけのある「真理」であることをよりどころとして，天皇の国家のくわえる弾圧に抵抗した。政治的にはこのような立場は正当なものに違いない。和島は，1933年に治安維持法違反で検挙された経歴がある。「原始聚落の構成」のなかに，このような姿勢がみられるのも当然だろう。

ところで，このような傾向は，考古学の世界にそのまま根を下ろしてしまった。「聚落が全貌を摑み得る程度に発掘された調査はまだ一つも」[53]ない状態のなかで提出された和島の「試論」は，これといった吟味もくわえられぬままに「定説」になってしまった。今日の縄紋集落研究の停滞の原因はそこにある。羽生淳子の「社会的規制の研究に重点を置いた史的唯物論は，縄文時代の集落研究にとって必ずしも有効な枠組みではない」[54]という発言は，そのような現状をついていることは事実である。しかし縄文時代の集落研究が停滞している原因は，史的唯物論そのものではなく，土井義夫が指摘するように「和島の視点を無批判的に，場合によると教条主義的に受け継いできた」[55]ことにある。

1-5-3. 「縄文時代集落研究への基礎的操作」[56]

1969年に発表されたこの水野正好の論文については，すでに多くの人びとが意見を述べている。1970年代以降，縄紋時代の集落の問題をとりあげた論文で，この論文に言及していないものはない。しかも，二棟一小群を基本とする住居の群構成が認められるかどうか，ほとんどその一点だけに議論が集中している。しかし，長野・与助尾根の構成を分析し[57]，秋田・大湯の環状列石の構成を復元したとき[58]，すでに水野の意見はかたまっていたはずだ。この論文では，住居の間取りからはじまり，個々の住居のうごきから復原される村の歴史，それにくわえて村の構造と機能[59]，村のうごきと領域[60]，などの問題もとりあげている。つまり一つのまとまりを持った組織としての「村」の姿をえがきだすこと，この論文の狙いはそこにある。

「原始聚落の構成」が演繹的な論理でつらぬかれていることはすでに指摘した。水野論文も，演繹的な論理にささえられている。これが，両人の論文のもっとも大きな共通点である。和島は，日本列島のなかで成立していた氏族共同体，という前提にもとづいて論理を組み立てた。水野の発言

は，見かけのうえでは混沌とした縄紋時代の集落も，いくつかの「型」に整理できるはずだ，という前提にもとづいている。和島は共同体理論のレベルで演繹的な論理を展開し，水野は遺構の読みとりレベルで演繹的な論理を展開した，といえよう。水野は「原始聚落の構成」ではなく，『横浜市史』を引用している。論理を展開するレベルの違いを意識してのことだろう。この点を頭において，両人の意見の一致する点，わかれる点を検討してみよう。

すでに紹介したように，和島は一棟の住居に住む人びとを「家族」とみることを否定している。水野も，二棟の住居に住んでいる人びとが一家族をつくるのが普通で，「時に一棟に一家族が住まう場合もあった」[61]としている。そして，与助尾根の例を引いて，一方の住居を家長夫妻と幼児・ほかの住居を家長とおなじ出自の男子と子供が利用していた可能性を指摘する。

水野は，南堀貝塚の黒浜期の集落では二棟一組の家族が移動した可能性もあること[62]，千葉・貝ノ花では「まず東へ一棟がつづいてのちに一棟が」[63]移動していることを指摘する。また長野・籠畑の例にもとづいて，「二棟一組のうえに一棟が加わった型」[64]を設定する。このように，一家族あるいは家族の一部が，独立したうごきをする場合もあることは，かならずしも否定はしていない。しかし貝ノ花の場合にも，一棟の住居を単位とするうごきは「村の容認」のもとにおこなわれている，と解釈する[65]。

また「村の移住の諸形態」[66]のなかでは，斉一的・非斉一的な離村と，おなじく斉一的・非斉一的な移村定着が交錯していることを指摘する。しかし，その前にあげている南堀・貝ノ花・与助尾根などでは，いずれも「斉一的移村」の事例と解釈できる。したがって，斉一的な離村と移村，つまり村をあげての移動がノーマルなものであった，と水野は考えているのではないか，という印象をうけるのもやむをえないだろう。

水野は，集落のなかの住居の配置が，つよい規制のもとにあったことを強調する[67]。規制をくわえる主体が「村」であることはいうまでもない。その規制は，住居ばかりでなく，貝塚・墓地の配置にまでおよんでいる[67]。和島は，「聚落全体」が生産をおこなっていることを強調した。水野は，集落のなかの土地利用を決定するのは「村」

95

である，という。言葉をかえれば，集落として利用する土地を占有していたのは「村」であった，ということにほかならない[68]。和島の「生産」のかわりに，水野は「所有」・「占有」の側面を強調した，といえる。もっとも水野は，貝塚の位置と住居の配置が対応することを指摘し，その理由を共同の狩猟・漁撈の獲物の分配にもとめているから，生産の側面でも「村」が主要な役割を果たしていることになる。

とすると，水野も和島とおなじく，縄紋時代の集落は，つよい「共同体的規制」の産物だ，と考えていたようにも思える。水野の「村」・和島の「聚落総体」，どちらも「共同体」にはちがいない。しかし，一歩踏みこんでみると，中身のちがいはあきらかになる。和島は「共同体」の中身を，階級分化のない「自然発生的な血縁集団」[69]と定義している。一方水野は，「村」はいくつかの家族（＝小群）のまとまった「地縁集団」である，と定義する[70]。和島は，ひとつの「血縁集団」がいくつかの「世帯」にわかれたものが「聚落」だ，と考える。水野は，いくつかの「家族」が「地縁」によって結びついているのが「村」だ，と考える。これ以上両人の意見の中身に立ち入って吟味をくわえる余裕はないが，和島の「聚落」と水野の「村」の中身がまったく違うことはあきらかである。

水野は，もし，「原初的な農耕が想定されるならば，村の後背地に家族単位の畑なども浮かび上がるものであろう。特定の個人はこうした環境のなかから政治的・儀礼的優越を獲得し，村を動かしていくのである」[71]ともいう。きわめて微妙ないい回しであるが，後半の部分に注目すれば，縄紋時代にのちの時代の首長にあたる立場の人物がうまれる可能性などはまったくない，と考えていないことは確かだろう。一方，和島は「自然物採集経済に本源的な資源の集団所有があり，他方その条件の下で自然発生的な血縁集団を引裂く契機としての階級分化」は認められない[69]，という。和島と水野の意見は，ここで決定的に分かれる。

このような違いにもかかわらず，水野・和島両人の意見には，共通する部分がある。それは，両者の縄紋時代の社会組織のなかでの集落のとらえ方である。和島は，酒詰仲男の論文[72]を引用して，いくつかの貝塚群が同時に存在し，集落としての有機的な結びつきをたもっていた可能性を認める。しかし「その具体的な意味は，現実の資料から帰納することは不可能であり，ただ漠然と想像が許されるだけである」として，吟味を打ちきってしまう[73]。その一方では，生産の主役となっていたのは「聚落総体」であることを強調する。その結果，ひとつの集落が，縄紋時代のいく重にも重なった社会組織の一部というよりは，他とのかかわりなしに自立してゆける存在（難しくいえば完結した基礎単位）であるような勘違いも生まれかねないことになる。

水野論文にもおなじような部分がある。水野も「村々のテリトリー」をつなぐまとまりをとらえることができることを指摘する。続けて，このまとまりから「部族としての地縁性が指摘されれ（ママ）ば，……はじめて縄文時代集落論が，歴史学の対象となるのである」[74]という。あきらかに，水野もひとつの「村」が，完結した基礎単位になるとは考えていない。資料の不足のため，その中身に触れることはできないのだ（水野がこの論文を執筆したとき，貝の花の正報告はまだ出版されていない）。その一方で水野は，尾根筋・川筋で区画された集落の領域が「併存しあい，相互に入り乱れることなく」[75]流れをたどることができることを指摘する。さらに，これらのテリトリーは，自立性のつよい生業活動・宗教活動の基盤となっており，「恐らく村人はこの群内のテリトリーで一生を送り，歴史の流れも地上の変化もすべてその領域内に生起したものと思われる」[76]という。これらの発言と，さきに指摘した斉一的な離村・移村の事例を重ねあわせると，縄紋人は「村」という閉じた空間のなかで暮らしていたような錯覚を起こしかねない。これまで発表された水野論文に対する批判のなかでは，この点は見落されるか，あるいは誤読されていた。残念ながら，私自身の発言もその例外ではない[77]。1970年代も末になって，ようやくこの空白を埋めようとする動きが始まった。それが縄紋時代の集落研究の現状なのだ，といえよう。

宮本長二郎氏からは建築用語についてご教示をいただいた。佐原眞・岡本勇・水野正好・都出比呂志・佐々木藤雄の諸氏からもご教示をうけている。本文の内容にそれを活かすことができなかったのは，私の怠慢のいたすところである。紙数の関係で，挿図も全面的に割愛した。

註

1) 関野「日本古代住居址の研究」p. 1223
2) 同上・p. 1233,「埼玉県福岡村縄紋前期住居址と竪穴住居の系統に就いて」p. 381
3) 関野「日本古代住居址の研究」p. 1232,「埼玉県福岡村縄紋前期住居址と竪穴住居の系統に就いて」p. 381
4) 関野「埼玉県福岡村縄紋前期住居址と竪穴住居の系統に就いて」p. 381
5) 羽柴雄輔「竪穴ノ遺風今尚庄内地方ニ存セリ」,大野延太郎・鳥居龍蔵「竪穴ニ類スル小舎京近郊ニ現存ス」
6) 棟木の両端を,上端が交差する傾斜材でささえる構造。叉手・合掌ともいう。
7) 長方形プランの建物の棟木が,間口よりも短ければ,その建物の屋根は四方に傾斜し,側面から見れば台形になる。これが寄棟づくりである。プランが正方形ならば,その屋根はピラミッドのような四角錐になり,側面からみたかたちは二等辺三角形になる。プランが正六角形・正八角形になれば,屋根もそれに対応する錐体になる。正方形プランの場合を四注づくりとよび,六角・八角形をふくめ宝形づくりと総称する。
8) 松村・八幡・小金井「下総姥山ニ於ケル石器時代遺跡貝塚ト其ノ貝層下発見ノ住居址」pp. 14-16
9) この壁が「切上」である。
10) 「鉄山秘書」では,叉首をつくっている部材のうち,棟木方向の桁の上にあるものを合上・妻方向の桁の上にあるものを向サスと呼んでいる。なお,「鉄山秘書」は別名で,本名「鉄山必要記事」,1784年刊行。
11) 関東地方の柄鏡形住居をはじめ,縄紋時代・弥生時代の住居で入口の位置が確実に推定できるものは,身舎の中央の軸のうえに位置している。宮本長二郎の教示によれば,古墳時代にも隅に張出しをつくって出入口としている例が山陰・北九州にあるというが,実例は多くはないらしい。とすると,時期・地域を問わず,遺構としてかたちの残らぬような入口を建物の隅につくる場合が圧倒的に多いのかもしれない。
12) 正確な読みはわからない。なお,関野は軸や小屋組の組み立て方を説明しているが（pp. 434-35）,よくわからぬところがある。したがって,「摺シ木」を足場としてよいのかどうかも確かではない。
13) 表現がややあいまいだが,おそらく上屋の荷重をささえる構造の違いを指摘しているのだろう。
14) 1本あたりの平均値は 6.23㎡ になる。
15) 関野は,新旧の竪穴住居址が重なっている例はそれまでにも知られていたが,「かゝる拡張遺跡は最初の発見であらう」（p. 372）と述べている。「日本古代住居址の研究」のなかでは,おなじく「拡張」とみるべき千葉・上本郷E地点1号住居を,主柱を

2～3本まとめて建てたもの（p. 1262）と考えているから,この論文を執筆した1934年前後には,「住居の拡張」とよべる現象を意識していなかったにちがいない。上福岡の調査そのものは山内清男がおこなっていた。「拡張住居」にはじめて気づいたのは山内かもしれない。
16) 関野「日本古代建築の研究」p. 1220,「鉄山秘書高殿に就いて」p. 429
17) 後藤「上古時代の住居（下）」p. 206
18) 関野「日本古代住居の研究」p. 1224, 1227
19) 円形のプラン・円錐形の上屋は,方形のものよりも古いかたちだ,という「タイラア氏」の意見も,この判断の根拠のひとつになっている（「上古時代の住居（下）」p. 201）が,「タイラア氏」は E. B. Taylor に違いないが,出典はまだ確認していない。
20) くわしい説明は次回にゆずるが,1970年代末に「定住・非定住」の問題が議論されるようになって,ようやく拡張住居の問題に目をむける研究者もあらわれた。しかし,じかに前後する関山期・黒浜期の住居に構造のうえで大きな違いが見られる理由は説明がついていない。縄紋時代の技術の継承や伝播・日本列島の各地の集団のあいだの情報の伝達のきっかけや仕組みなどを説明する手がかりのひとつとなるに違いないが,この方面の議論は,きわめて不活発である。
21) 麻生 優「縄文時代の生活と社会・住居と集落」p. 323（鎌木義昌編『日本の考古学・縄文時代』322-34,河出書房,1965）
22) 同上・pp. 323-26
23) 同上・pp. 323-24
24) 松村・八幡・小金井「下総姥山ニ於ケル石器時代遺跡貝塚ト其ノ貝層下発見ノ住居址」pp. 12-13
25) 「考古学と科学」pp. 114-24（桜井清彦・坂詰秀一編『論争・学説 日本の考古学』1：101-43,雄山閣出版,1987）のなかで,簡単ながらこれらの問題に触れた。
26) 禰津正志「原始日本の経済と社会（1）」p. 325,（『歴史学研究』4：323-36,1935,原秀三郎編「日本原始共産制社会と国家の形成」176-98,校倉書房,1972）
27) 禰津「原始日本の経済と社会（1）」pp. 330-32。ただし禰津のほかには,当時発見されていた住居址の規模・構造に大きな差がないことに注目した研究者はいない,という点は指摘しておくべきだろう。
28) 関野「埼玉県上福岡村縄紋前期住居址と竪穴住居の系統について」p. 382
29) 後藤「上古時代の住居・上」p. 5
30) 後藤「楢原石器時代住居遺跡」（『東京府史跡保存物調査報告』10,1933＜原典未見＞,引用は「上古時代の住居・中」p. 82, 84による）
31) 後藤「衣・食・住」p. 278（杉原荘介編『日本考古学講座・縄文文化』3：246-88,河出書房,1955）

32) 後藤『日本考古学』p.2（四海書房，1927）

33) 浜田『通論考古学』p.185（大鐙閣，1922，引用は全国書房，1947による）

34) 清瀬一郎「治安維持法を論ず」pp.107-08（『清瀬一郎政論集』人文会出版部，1926，引用は奥平康弘編『現代史資料45・治安維持法』104-112，みすず書房，1972による）

35) 穂積八束『憲法提要』p.343（有斐閣，1910）

36) 天皇制国家のもとでは，考古学・考古学研究者に制約や弾圧がつきものである。昔もいまも，程度の差はあっても事情は変わらない。しかし，考古学・考古学研究者を被害者の立場だけでとらえることはできない。くわしく説明する余裕はないが，江上波夫の騎馬民族説のように，日本の歴史を天皇族の歴史にすり替えるマヤカシは，昔も今も（残念ながら将来も）跡を絶たない。われわれ自身が，どこまで天皇制のなかででき上がった通念や俗説から自由であるか，その点がもっとも問題である。

37) 和島誠一「原始聚落の構成」（『日本歴史講座』学生書房，1948，『日本考古学の発達と科学的精神―和島誠一主要著作集』481-504，和島誠一著作集刊行会，1973）

38) 同上・p.481（以下引用は『日本考古学の発達と科学的精神』による）

39) 同上・p.490

40) 同上・pp.486-87

41) 同上・p.487

42) 同上・pp.487-88

43) 同上・p.485

44) 同上・pp.488-89

45) 同上・p.490

46) 和島「南堀貝塚と原始集落」（和島誠一・鈴木良一・古島敏雄『横浜市史』1：29-46，有隣堂，1958）

47) 『横浜市史』でも，「一竪穴の成員は，（中略）生産の面で（中略）集落全体の組織的な動きに強く規制される一部分であった」（p.40）とされる。しかし，生産用具の発達（p.45）・漁撈技術の発達（pp.56-58）などを基盤とする「ゆるやかな発展」（p.61）を指摘する点では，縄紋社会を本質的には停滞的なものととらえる「原始聚落の構成」のなかの発言と微妙なズレを感じる。岡本勇の意見をとり入れているのだろう。

48) 和島「南堀貝塚と原始集落」p.38

49) 同上・pp.38-40

50) 黒浜期には6〜7棟，諸磯a前半（水子）期・後半（矢上）期には10棟前後の住居が同時にあったものと推定している。同上・pp.41-44

51) 黒浜期には台地の南縁に集中していた住居が，諸磯a期には「ひろく広場の周囲にほぼ均等」に分布するようになる，という。同上・45

52) 原秀三郎「日本における科学的原始・古代史研究の成立と展開」p.390（原編『歴史科学大系』1：

343-409，校倉書房，1972）

53) 和島「原始聚落の構成」p.482

54) 羽生「縄文時代の集落研究と狩猟・採集民研究の接点」p.4（『物質文化』53：1-14，1990）

55) 土井義夫「集落・領域論」p.217（『縄文時代』2：216-18，1991）

56) 水野「縄文時代集落研究への基礎的操作」（『古代文化』21―3・4：1-21，1969）

57) 坪井清足「縄文文化論」pp.118-20（石母田正編『岩波講座・日本歴史』1：109-38，岩波書店，1962），水野「縄文文化期における集落と宗教構造」（『日本考古学協会第29回総会発表要旨』5-6，1963）

58) 水野「環状組石墓群の意味するもの」（『信濃』20：255-63，1968）

59) 「縄文時代集落研究への基礎的操作」pp.14-16

60) 同上・pp.16-20

61) 同上・pp.11-12

62) 同上・p.10，17

63) 同上・p.10

64) 同上・p.9

65) 同上・p.13

66) 同上・pp.16-18

67) 同上・pp.13-14

68) 水野は，村の領域のなかに，家族と村の用益地があり，利用の目的による用益権の強弱の差・性別による使い分けの可能性などを指摘している（p.16）。このようなまとめ方は，やや不正確かもしれない。

69) 和島「原始聚落の構成」p.493

70) 水野・前出・p.12，16

71) 同上・p.13-14

72) 酒詰「神奈川県下貝塚間交通問題試論」（『人類学先史学講座』14，雄山閣，1940）

73) 和島『横浜市史』p.35

74) 水野・前出・p.20

75) 同上・p.19

76) 同上・p.20

77) 林「縄文時代の集落と領域」pp.117-19（大塚初重・戸沢充則・佐原 眞 編『日本考古学を学ぶ』1：108-27，有斐閣，1988）

書評

斎藤 忠著

日本考古学史年表

学生社刊
B5判　776頁
32,000円　1993年12月刊

　斎藤忠博士の"日本考古学基礎資料文献"3部作の第2冊目として『日本考古学史年表』が完成した。既刊の『日本考古学用語辞典』(平成4)、近刊の『日本考古学文献総覧』とともに、まさに日本考古学の基礎的文献として長く洛陽の紙価を高めることであろう。

　日本考古学のレファレンス・ブックとして、われわれが常に座右において活用している辞(事)典・文献目録・地図の類と並んでここに年表が加わったことは誠に有意義であり、博士積年のご努力に対して何人も敬意を表するにやぶさかではないであろう。

　『日本考古学史辞典』(昭54)をはじめ多くの学史研究を世に問われてきた著者にしてはじめて可能な著作であると申すことができるであろう。すでに本年表の前身とも言うべき『年表でみる日本の発掘・発見史』(昭55)によって、多くの恩恵を被ってきたわれわれにとってその有用さについては改めて贅言を要しないであろう。

　「考古学年表」と言えば、かつて和島誠一氏が作成されたもの(西岡虎之助編『新日本史年表』所収、昭30)を代表とする縄文時代～古墳時代の編年的年表があり、一方、事績年表として『近代日本総合年表』第二版(昭59)、『日本文化総合年表』(平2)などが活用されてきたし、貞末堯司氏の「考古学研究史年表」(駒井和愛編『考古学概説』所収、昭47)のように便利なものもあった。国外のものとして、例えば石璋如氏編の国立中央研究院歴史言語研究所『考古年表』(1952)は、中国の考古学20世紀の中頃までを対象とした「考古調査年表」「考古発掘年表」「調査諸遺址之位置及薀蔵表」「発掘諸遺址之位置及其重要薀蔵表」「考古論著年表」より編成されているものとして重宝されてきているが、斎藤年表のごとき構成をとっている学史年表は見当らない。

　日本の5世紀中頃(雄略期)から20世紀後半(昭63)にかけての日本考古学の研究とそれに関連する事項を網羅した本年表は、奇数頁に年表、偶数頁に解説を配するユニークな構成となっている。奇数頁の年表欄に西暦・和暦・干支のもと、「発掘・発見・その他」「文献」「学界(関連事項)」「人事」「歴史事項・その他」が収められ、それと対応する偶数頁には、ときどきの顕著な事柄を上段に、写真・資料を下段においている。学史に関する膨大な資料を自ら収集し、それを縦横に駆使して学史の研究を進展させた博士の識見は、本年表においても充分に発揮され、きわめてユニークな学史年表として完成されたのである。

　奇数頁の「文献」は、単行本・報告書・定期刊行物にわけて刊行月別に記載され、偶数頁の下段に用いられている写真は著者の撮影になるものであり資料的価値が高いことも一つの特色であると言えよう。巻末の索引(1遺跡―県別、2文献(1)―五十音順、(2)―県別、(3)―定期刊行物、3人物―五十音順、4施設―県別、5学会―五十音順、6その他)も便利有用であり、本年表の活用の利便を配慮したものとして高く評価されるであろう。

　かかる年表は「1応神天皇陵畔の埴輪馬伝説と最初の銅鐸の発見」から「354佐賀県吉野ヶ里遺跡の調査と二十一世紀への考古学の躍進」までの解説が収められているが、これは単なる学史年表の範囲を越えて日本考古学の逐年的な研究発達史を総括したものとして『日本考古学史辞典』とともに、日本考古学の学史研究上に樹立された金字塔の一翼となっている。ここにおいて、われわれは有用な日本考古学のレファレンス・ブックを得たことを改めて感じるのである。

　発掘に日夜没頭せざるをえない研究者も、その成果をある時は報告書で、またある時は論文として問うとき、そこに研究の歴史を感じることが少なくない。そのような時、『日本考古学史年表』を繙いてみると、多くの事柄を教えてくれることであろう。しかし、斎藤博士がお一人で積年にわたって日夜刻苦して作成された年表といえども、決して完璧ではない。博士ご自身が「個人の力には限度があり、そこには不十分な点が多々あり、思いがけない事実の誤認や重要な事項の洩れていること」に「不安と危惧の念を覚え」られている。われわれは博士のこの言葉を熟考して、活用しつつ思いを紙背に及ぼすことが著者に対する責務でもあろう。

　このような年表の作成、用語辞典の編集などは、多くの人びとの協力のもと学界の総力を挙げてことにあたることが望まれるのであるが、現下の考古学界の状況をみるとき、それは百年河清を待つに等しい。かかる現状を踏まえ決然としてことにあたった博士の意図は、まさに壮挙であった。いま、それの完成を見て、改めて、斎藤博士の蒔かれた種子をもとに日本考古学のレファレンス・ブックがより一層多彩に形成されていくことを願っている。

(坂詰秀一)

書評

石野博信 著

古代大和へ，考古学の旅人

雄山閣出版
四六判 268頁
2,500円 1994年3月刊

 考古学者は一見ロマンチスト。しかし，実のところは理性の固まり。一般読者は，考古学研究者に対しさまざまなイメージを抱いて接するが，本書を読めば，石野博信という著者を通して考古学を学ぶ者がやはり誰にも負けないロマンチストであることを存分に知ることになろう。タイトルにも示されているが，本書は全編を通じ旅気分に満ち溢れている。気取らない易しい口調と素朴な語りかけで綴られているせいもあろうが，それが著者の人柄，地であることは長年交わってきた人なら判って頂けよう。
 さて，夢あふれる考古の旅は，著者の中学時代に遡る。舞台は宮城県の旧制石巻中学校。考古ボーイであった頃の著者の思い出が昨日のごとく語られており，予想以上の早熟ぶりに驚かされるが，スマートさはさらさらない。石巻市屋敷浜貝塚発掘の頃に芽をのばし始めた身体の大きい一人の少年の志は，一度は家業を継ぐところまで消沈したものの，関西の地に落ち着き，兵庫県川西市加茂遺跡の発掘調査に参加，末永雅雄博士に師事することによって全面的に開花した（1．みちのく育ち）。
 「2．縄文から弥生へ」「3．弥生から古墳へ」「4．古墳文化と飛鳥・奈良」の3つの章には，24の短編が収められている。共著・新聞・雑誌・グラフ・会報・社報・たより・講演などジャンルの異なるさまざまな出版物から再録されたものだが，中には孔版刷に近い限定の幻の原稿も加えられており，読む機会のない文章が数多く含まれている。著者には学位論文である『古墳文化出現期の研究』（学生社）をはじめ，『古墳時代史』（雄山閣出版）・『日本原始・古代住居の研究』（吉川弘文館）などの重厚な著書や多くの編著がすでにあるが，これらが研究のハード面とすれば，このたび纏められた本書は，ソフトの側面をもつ。縄文文化の研究を志向した若き日の著者は，その後数多くの発掘現場を担当，転戦し，兵庫から奈良へとフィールドを移していく過程で，弥生・古墳時代へと関心の触手は下り，住居・高地性集落・弥生土器・後期古墳・祭祀・古墳の発生・邪馬台国・藤ノ木古墳論……と，さまざまな分野に研究のメスを入れて今日に至るが，多岐にわたる発想や試論の原点は常に遺跡を踏むことにある。われこそは訪問者として初めてこの発掘現場にははるばるやってきたと思いきや，1～2週間前にすでに石野氏が来ておられることを知る経験は，私以外にも随分あるはずで，その持続力と全国・海外に向けての行動範囲の広さにおそらくかなう者はいまい。それだけ著者はナマの遺跡を愛し，額に汗して掘っている人々を尊重するのである。
 上記した3章は，公務で直接係わった遺跡・遺物の話だけではなく，各地の遺跡踏査の蓄積を通じて磨きぬかれた氏ならではの感性と直観をベースとした肩のこらない小論から成っており，中には小学生との対話などもさりげなく採られていて，著者の素朴さと優しさが伝わってくる。また，実証的な論文では等閑に付されてきた卑弥呼のイメージや邪馬台国論について，大いに筆を滑らせておられる。実年代観に対する主張も若手の研究者以上に気負いが感じられる。斑鳩の藤ノ木古墳の発掘をめぐるエピソードの数々も臨場感わく秘話がたくさん盛り込まれている。
 終章の「5．遺跡とヒト」は，本書のまとめではない。旅人として考古学の世界をさまよい歩いてきた著者が，カメラとノート片手に巡り会ってきた人人との人情味漂う一コマ一コマの再現。嘱託・技師時代の埋蔵文化財行政の末端担当者としての苦悩の数々がヒトとヒトとの出会い，すれ違いを通して描かれている。
 著者は現在，橿考研を離れ，大学の教授，市立博物館の館長として活躍しておられるが，長きにわたって行政マンであった。その前に短期間ながら私立女子高の先生の経験を持っていることを知る人も多いに違いない。「行政内研究者」と言えば聞こえはいいが，私事に照らしてみれば並大抵のことではない。文化財係長としての多様な接渉業務，山程ある手続き，書類の作成。兼務の学芸係長としての展観の企画，資料の貸出・借用。そして，昼間は緊急発掘調査の現地担当，夜は遺物の整理や報告書の作成。雑務・雑務・雑務……。家で深夜わずかな時間をさいての研究活動にも限界がある。行政に身を置く全国の考古学研究者の縮図を肌身に感じつつの毎日であるが，そんな時，本書に接して一種のやすらぎと安堵感を覚えるのはありがたいことである。
 常々現地主義に立つ著者の考古学は，泥々したものであり，小綺麗なセンスのよさは乏しいけれど，現場土方の親分といった風貌の著者に対する親しみと信頼感は根強いものがあり，若手が中心となっている各地の研究会でも第一線で適切な発言をされる姿をみうける機会が少なくない。本書は氏の長年の研究の歩みを土台とした主張の市民向けのシナリオとしても価値あるものとなろう。　（森岡秀人）

書評

柳田敏司・森田悌編

渡来人と仏教信仰
武蔵国寺内廃寺をめぐって

雄山閣出版
A5判 221頁
2,950円 1994年6月刊

本書は，副題に「武蔵国寺内廃寺をめぐって」とあることから知られるように，埼玉県大里郡江南町の寺内廃寺の発掘調査の成果を基礎に，東国の古代寺院について論じたものである。

寺内廃寺の発掘調査で，大規模な古代寺院の全容があきらかにされたのは，1992年の秋のことであった。それからわずか2年たらずで寺内廃寺をめぐる諸問題を考察した本書を刊行した関係者の精力的な努力にまず敬意を表さねばならない。

本書は，全体を大きく3章に分け，「第一章 寺内廃寺をめぐって」では寺内廃寺自体，「第二章 花寺周辺の古代寺院」では北武蔵の古代寺院，「第三章 武蔵古代寺院の内外」では武蔵国と朝鮮の古代寺院について論じている。

本書の特色をあえて要約すればつぎの4点があげられる。

第1に寺内廃寺の発掘調査の成果が示されたことである。第1章の新井端「『武蔵・寺内廃寺』の発掘調査」は，中間報告であるため不十分な点が少なくないが，仏地・僧地・俗地を含めた古代寺院の全貌があきらかにされたことの意義は大きい。従来，仏地の調査に終始することが多く，僧地・俗地の解明に及ぶことは稀であっただけに，今後の古代寺院の調査のあり方に大きな影響を与えるに違いない。また，古代寺院の「区画施設」を「寺地」「寺域」「伽藍」にわけ，用語・概念の整理をしたことも注目される。

第2に地域史のなかに古代寺院を位置づけたことである。第2章の森田悌「花寺と壬生吉志」では，文献史料の検討によって花寺（寺内廃寺）が「壬生吉志を檀越とする定額寺であった」と推測し，その経済基盤に言及する。壬生吉志の場合，比較的史料に恵まれていたといえるが，古代寺院を造立した氏族の特定に成功したことは興味深い。第3章の森田「武蔵国における仏教信仰の展開」では，7世紀に「渡来系の人たち」が「祖先の菩提や現世利益を祈願するために」信仰しはじめた仏教が，律令体制への移行のなかで「在来の人々」にも広まり，「個人や氏による造寺・造塔が頻りにおこなわれ」，「一方で国分寺に代表される鎮護国家の仏教が浸透するようにな」り，奈良時代末以降「東国に対する負担が著増し，社会・人心の荒廃を招き，道忠系の仏教が救済の宗教として」広まった過程をあとづける。奈良時代末を画期として救済宗教が広まったとする見解は東国社会の特性をふまえたものとして評価されよう。第2章の高橋一夫「入間・比企の古代寺院」・「荒川北岸の古代寺院」，第3章の同「東国の中の武蔵古代寺院」では，北武蔵の古代寺院について基礎資料を提示したのち，軒丸瓦を中心に検討を加え，児玉郡では上野国の影響のもとに造寺活動がなされたのに対して，高麗郡では常陸国新治廃寺と同笵関係にある軒丸瓦をもつ女影廃寺のように渡来人に対する国家の援助のもとに造寺活動がなされたというように，北武蔵のなかでも地域によって異なったあり方を示していることが示される。考古学の立場から古代寺院を軸にした地域論を展開したものといえよう。また，第3章の荒井秀規「武蔵国分寺，その機能をめぐって」では，武蔵国分寺について古代仏教史の立場から検討を加え，「国分寺の持っていた諸機能が衰退し，それが定額寺をはじめとする国内諸寺に分散されることで，国分寺が国内の一般寺院と同化し」たと指摘する。森田論文と若干論調を異にするが，武蔵国分寺と定額寺の関係を論じたものとして興味深い。

第3に東アジア的な視野で古代寺院をとらえたことである。第3章の中山清隆「朝鮮の古代寺院跡について」では，高句麗・百済・新羅の古代寺院の伽藍配置などについて概観し，飛鳥寺の事例の検討をふまえて，日本の古代寺院の「具体的なモデルを朝鮮半島に求めることは目下のところむずかしく，建築様式は半島の影響を強く受けながらも直伝ではない」とする。彼我の古代寺院の比較検討は十分とはいえないが，朝鮮の古代寺院を集成的に概観したはじめての試みであり，概説としても十分に利用できる便利な研究である。朝鮮の文献に精通した著者ならではのものといえよう。

第4に文献史学と考古学の協業が実現したことである。これは本書全体についていえることであるが，個別の論文においてもそれぞれの方法を基調としつつ，互いの成果を有効に活用しているのはまなぶべき姿勢である。

なお，巻末には昼間孝次「関東地方の古代寺院一覧」が付され，読者の便宜を図っている。欲をいえば一覧にとどまらぬ解説が欲しかった。

正式報告書の一日も早い公刊を読者のひとりとして切に希望するものである。

（時枝　務）

書評

茂木雅博 著

古墳時代寿陵の研究

雄山閣出版
A5判 350頁
6,800円 1994年3月刊

 日本の古墳には必ず被葬者があるものとして，古墳研究は進められてきた。古墳は墓であるから，当然と言えば当然であるといえよう。日本の古墳を定義された先学の多くは，墳頂から浅いところに主体部を置くという特色を早くに指摘された。横穴式石室以外の主体部構造の古墳は，たしかに墳頂から浅いところに簡単な主体部をおき埋葬する。

 日本の古墳から人骨が出土することは稀であるが，横穴式石室以外の主体部構造をもつ古墳の被葬者数については，何となく1人と決めており，ごく稀に複数の人骨が出土した時に異例と考えていた。古墳時代にあたる4～5世紀の日本古代史の系譜研究では，長子承継，末子承継，女性承継，一族中の子族間での交互承継など，多くのバリエイションのあったことを証明している。ところが古墳の編年研究では，何となく性別を論ぜず（莫然と男性と考え），莫然と長子承継を連想しつつ作業を進めているのが日常となっている。

 茂木雅博氏の新著はまさにこれらの問題を解決し，あるいは解決する手掛りを日本考古学に与えてくれるものである。古墳時代を研究する考古学者には，フィールドワークを忌避し，できるだけ文献学的方法，あるいは遺物のみを精密といえる手法で論じていくタイプと，広く遺跡，古墳を巡検，調査することも含めてフィールドワークを重視するタイプとがある。茂木氏はまさに後者である。研究対象を針金で締め上げるのが前者とすれば，後者の手法は，真綿でいく重にもつつみ込み結論に至らしめるかのようである。

 第1章は，前方後円墳という特殊な墳形の成立がいかにしてできたかを述べている。明治以降の学説整理のうえ，「前方後円墳の起源に関する研究を振り返ってみたが，学問的論争に発展した学説がほとんどない。……これまで紹介してきた多くの諸説は，それぞれの時代的な産物として非生産的な議論として処理されるだろう」としたうえ，「こうした中で注目すべき忘れられていた論攷に気づいたのである。それは前方後円墳がいつ作られたかという素朴な質問を検討しようとするものである」。ここでは古墳の2大要素である物体としての，言い換えれば構造としての墓と，屍体との関係に注目している。

 第2章は「墳丘の諸問題」として5節に分って述べる。ここでは古墳での土器の出土と建築跡の検出を手掛りに，葬送儀礼を復元する。さらに自己の常陸国での調査の実践例を示す。前方後円墳の築造技術の項では，大形古墳の築造原則は生前築造であることを述べるが，この主張は「日本の研究者の間に市民権を得るところまで至っていない。……巨大な墳丘は二の次とされ，埋葬施設や副葬品の研究を重視しなければならなかった」と畿内を中心とした古墳研究史を批判する。また中国とのいわゆる冊封関係も，中国の寿陵という政治記念物としての墓も，日本の古墳時代に影響を与えたとする。

 第3章の「副葬品からみた古墳の性格」では鉄鉾，飾り太刀，胡籙について述べる。

 第4章は「寿陵の考古学的考察」である。第1項は「中国の空墓」で，生前築墓しながら埋葬を別所にした前漢の成帝と，北魏の孝文帝陵を検討する。そして中国の生前築墓で非埋葬墓を3タイプに分ける。①は途中まで墳丘を作ったもの，②は墓としては完成をみているが埋葬されなかったもの，③埋葬されたが盗掘で空になったもの。しかし，この第3項は遺構検出時には問題となるが，寿陵の一種とはいえない。

 第2項は「日本の空墓」である。完成した墳丘に埋葬がない場合。第2は大きな墳丘を築造しながら埋葬主体施設が設けられず，墳丘裾部に二次的な埋葬のある場合，第3は完成した古墳の墳頂が人為的または長期の放置などの原因で流出したものに分ける。筑紫君磐井墓と推定される岩戸山古墳は，埋葬されていない空墓とする。

 第5章は巨大前方後円墳の後円部頂の形態に注目して，寿墓を主張する。そして従前の古墳研究が寿墓の観点を持ちえなかった理由を，畿内の大古墳が立入調査のできない，いわゆる陵墓が中心である点などを指摘する。

 本書は巨大古墳の築造と被葬者の死が時間的にいかにかかわっていたかを，被葬者が生存中に建造され，時にはそこに埋葬され，時には埋葬されずに空墓となることを論じておられる。何となく前提としていた古墳像が崩壊していくように思われる。しかし茂木氏自身も発掘担当者の力量や報告書執筆時の検討に大きい制約があることを指摘されている。

 主体部が貧弱とか，遺物が少ないとか，墳頂部が削平を受けているなどの理由で堙滅した古墳は数限りない。この意味でも文化財保存行政に警告を与えているように思えてならない。

 最後に，寿陵とされた中に寿墓も多いと見受けられる問題がある。寿陵のみならず，寿墓も多かったらしい。後稿を待ちたい。

（菅谷文則）

論文展望

（敬称略・五十音順・選定委員）石野博信　岩崎卓也　坂詰秀一　永峯光一

渡辺　仁

土俗考古学の勧め

—考古学者の戦略的手段として—

古代文化　45巻11号
p. 1〜p. 14

1.　考古学は遺物を客体として記載する記載（野外）考古学とその客体的情報からその製作者，使用者の生活や社会・文化に即した主体的意味の読みとりを研究する理論考古学とに大別できる。

2.　本邦考古学とくに縄文考古学をみると，記載考古学は精緻で立派といえるが理論考古学は貧困のそしりを免れない。

3.　縄文考古学の理論面の発展には，型式一編年至上主義からの脱却と，編年は史的科学の手段であって目的ではないことの確認が必須である。

4.　遺物の主体的意味の読みとりには，人類一般の生活・社会・文化に関する科学的知識とならんで狩猟採集民に関する同様の知識がソフトウェアとして必須といえる。これなしに理論化に挑戦することは海図と羅針盤を持たずに航海に出るに等しい。

5.　しかし無文字社会に関する民族学・人類学のデータや理論は，農耕・牧畜民に偏っている上に，考古学に必要な物質面と他の面との構造的関連性に関するものが不足である。

6.　そこで考古学者が民族誌データや人類学理論を積極的に援用するためには，既存のものを利用するだけでなく，不足のものは自ら探求に乗りだす必要がある。これが新考古学方法論としての土俗考古学の台頭理由である。

7.　土俗考古学は，個別遺物の用途を類推する単なる民族誌的平行を探るものではなく，遺物間の関係の意味や遺物とその生態的・社会的・文化的コンテクストとの構造的関係を読みとるのに役立つ民族誌的情報や人類学的理論の探究である。

8.　土俗考古学はそのような情報と理論を，遺物の読みとりだけでなく，野外調査や理論研究の指針として先史考古学の戦略の組織化・効率化の武器として利用することができる。　　　（渡辺　仁）

金山喜昭

縄文時代前期における黒曜石交易の出現

法政考古　20集
p. 61〜p. 85

従来から黒曜石の移動と人間活動の関わりを対象とする研究は，産地分析の成果に依存する傾向が強かった。例えば，複数の遺跡から出土した黒曜石を分析して，特定産地と黒曜石の面的な広がりを摑むぐらいで終了する場合が多い。しかし，それでは黒曜石の供給範囲を摑むまでで，人間活動の実態を理解することはできない。

そこで本稿は，産地推定のデータと共に，遺跡や遺物のデータに基づき，先史時代の黒曜石供給の実態を検討することを目的とした。その結果として，縄文時代前期になると日本列島中央部地域においては，黒曜石を交易の対象とする経済システムが出現したという仮説を提示するに至った。

ここで使用する交易の出現という意味は，物資の互酬関係から再分配の段階に移行したことと密接な関係をもっている。その背景には生業や社会状況との関わりを無視することはできない。つまり前期になると，集落は定住型になり，集団内における階層化もみられ，生業分化や技術開発もより進んだものとなってきた。交易の出現は地域間の交流の促進に大きな貢献を果たすことになった。

当時，信州産黒曜石は，中部高地から利根川上流や甲府盆地周辺の地域一帯に供給されていた。この地域は，生態的に山間地域という共通性があるが，生業的にも弓矢猟に特徴をもつ。黒曜石と石鏃は物性的に有意であるから，石鏃の原材を調達する地域として交易圏が形成されたらしい。またその交易形態については，産地から各地にむけて多量の黒曜石を保有する大型集落が点在して分布する状況から推して，産地山麓の集落から大型集落が入手した多量の黒曜石はさらに周囲の複数の集落に分配したものと推定される。

（金山喜昭）

秋山浩三

「大足」の再検討

考古学研究　40巻3号
p. 53〜p. 79

田下駄・「大足」の研究が，初期農耕社会における技術階梯の解明に果たした役割は大きい。それは，1950年代に木下忠が民俗学や中世文献の援用から，静岡県山木遺跡の田下駄の足板を，現行の代掻き・緑肥踏み具である「大足」に比定し，弥生時代における田植え存在の証左にしたことによる。

本稿では，第一に考古資料としての田下駄の再分類案：枠なし形式，円形枠付き形式，方形枠付き形式の基本3形式（次頁図）と，それらに含まれる諸型式の概要を提示した。このうち後2形式の枠付き田下駄に含まれる，三孔縦型の足板には梯子形の方形枠が付くと想定されてきていた。が，近年明らかになった京都府鶏冠井清水遺跡例などをもとに検討した結果，円形枠付き形式として復原すべきである。したがって民俗学の直接的

適用による，木下の構造復原案は変更されねばならない。よって，考古資料の枠付き足板の大多数は，円形枠付き形式に含まれるものである。また本形式は，単に湿田や湿地での作業時の身体沈下防止用に覆われた木製品で，田植えを証明する農具にはなりえない。むしろ，方形枠付き形式こそが，間接的ではあるが田植えの証左となりうる。この形式の足板は固有の特徴をもち，足板材だけでも他形式と峻別できる点も示した。この新たな観点で方形枠付き形式田下駄の出現期や消長のあり方を追求すると，田植えは弥生時代の初期から行なわれていた蓋然性が高い，と新たに推測できる。

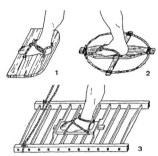

1：枠なし，2：円形枠付き
3：方形枠付き
田下駄3形式の使用復原

（秋山浩三）

中井正幸
古墳出土の石製祭器
—滑石製農工具を中心として—

考古学雑誌 79巻2号
p.31～p.61

古墳時代の祭祀を特徴づける遺物の一つとして滑石製祭器がある。本稿では古墳に副葬された滑石製農工具（刀子，斧，鎌，鑿，鉇）を対象に分析を行ない，滑石製祭器の系譜と成立過程を明らかにしようとした。

まず滑石製品の製作手法や刀子把の精度指数を手掛かりとして，その新古や分類を行なった結果，大型品が精巧で小型品が粗雑であるとは必ずしも識別しがたく，新古を即断できないことを明らかにした。

次に刀子や斧など各種の滑石製祭器は，大きさによって2群に分かれ，小さい群には穿孔が見られるのに対して大きい群には穿孔がなかったり，あっても定式化されていないこと，さらに両者の副葬状態の差違などから滑石製祭器に2つの系譜があることを推定し，前者は被葬者が生前使用した並置型祭器，後者は同種多量を特徴とする懸垂型祭器と分類した。

また懸垂型祭器の副葬は，同種多量を代表する刀子群を例にあげれば，多類多数型と同類複数型に分類することができ，それぞれに関わる人々や時間幅を追究することが可能であり，さらに同類複数型の祭器は，相対的な大・小からなる構成と同じ大きさからなる2つの構成組成から成り立つ画一性の強い祭器であることが判明した。この事実は，滑石製農工具を副葬した古墳の様相や農工具の組み合わせからも追認できる。

したがって，滑石製祭器の成立の背景には碧玉製品にあった並置型祭器の系譜と新たに刀子を中心とした小型祭器の出現とが存在し小型の懸垂型祭器は並置型祭器の模倣からはじまったと考えられる。こうした滑石を代表とする鉱物に小孔を穿ち，ケズル行為によって時間を付加させた「まつりごと」は古墳の葬送儀礼と大いに関連する祭器であったといえる。

（中井正幸）

上村安生
土師器焼成坑について

Mie history 6
p.1～p.16

三重県下では，飛鳥時代から奈良時代の土師器の焼成遺構が数多く検出されている。これらは，土坑を伴うもので土師器焼成坑と呼ぶ。県下では1993年8月末段階で19遺跡344基を数え，本稿では，これらについて形態分類を行ない，類似遺構や民俗例を参考に焼成方法の検討を行なった。

県下の土師器焼成坑の主な特徴は，規模に差はあるものの地山に掘り込まれており，平面形態は，二等辺三角形あるいは台形を基調とする。また，燃焼室と焼成室は一体で，煙道や焚口を持たず，天井の痕跡もなく，窯構造を持たない。頂点部分は火熱を受けた痕跡がないが，床面と側壁は火熱を受け，全面にわたり酸化焼成されている。

平面形態の似ている緑釉陶器の二次焼成窯や木炭窯などの類似遺構と比較検討したが，焚口・煙道を持ち窯構造をなすところに大きな相違がみられた。二等辺三角形や台形を基調とする平面形態の謎は解明できなかった。

焼成方法の検討については，焼成坑の中から藁痕跡を残す焼けた粘土が出土すること，埋土のプラントオパールの結果から稲藁が確認されていること，さらに，天井に相当するような焼成土塊が遺構から出土しないことなどから推定すると，覆い焼きに近い方法をとっていたと考えられる。これは，伊勢神宮で使用する土器を現在も焼いている神宮土器調製所で，近年まで行なわれていた方法と似ている。

県内の土師器焼成坑の分布が明和町蓑村・有爾中・明星の一帯に集中（15遺跡338基）することについては，これらが古代以来神宮へ朝進する土器を焼いていた「有爾郷」（うにごう）の地であり，さらに国史跡斎宮跡周辺にあたり，神宮ならびに斎宮へ朝進する土師器を生産していたからと推定した。これらの土師器焼成坑の時期は，さまざまな歴史的背景や遺物から7世紀後半代までは遡ると想定される。遺物の詳細な検討については稿を改め考察したい。

（上村安生）

●報告書・会誌新刊一覧●

編集部編

◆**高森遺跡II**　東北歴史資料館刊　1993年3月　B5判　84頁

「前期旧石器時代」の遺跡で、宮城県北西部の栗原郡築館町と一迫町の町境に北東にのびる緩やかな丘陵頂部に立地する。東北歴史資料館が1991・1992年に行なった第2・3次調査の報告書。1988年の第1次調査時の34点の石器に加え、今回の調査でさらに11点の石器が出土した。石器群が出土した上位層の年代は熱ルミネッセンス法・電子スピン共鳴法・古地磁気法により50万年前あるいはこれより古い年代が与えられている。

◆**信濃大室積石塚古墳群の研究I**　大塚初重・小林三郎・石川日出志編　東京堂出版刊　1993年7月　B5判　320頁

長野盆地の南東の縁辺部にあたる長野市松代町・大室・牧馬・小島田・柴の丘陵地帯に分布する積石塚古墳群の調査報告書。1951年に後藤守一以来、数回にわたり調査が行なわれている。今回は大室谷の扇状地に立地する15基を報告。内部主体は両袖型横穴式石室5基、無袖型3基、胴張両袖型・胴張片袖型・合掌型各1基で、出土した須恵器・鉄鏃から6世紀後半から7世紀前半までの間に位置づけられる。考察では墳丘構造と石室の構築、土器の出土状況、埋葬形態について触れている。また村東単位支群が、造営年代や外部施設・埋葬施設の形態などより古墳群全体の中枢にあって地域社会の先導的役割を果たした氏族集団の墳墓群であったとしている。

◆**北村遺跡**　長野県埋蔵文化財センター刊　1993年3月　A4判　526頁

長野県のほぼ中央、東筑摩郡明科町の犀川に面した段丘面に位置する遺跡。本調査では、縄文時代中期末葉〜後期前葉を中心に、弥生時代終末、古墳時代末〜奈良・平安時代、江戸時代の遺構が確認された。とくに縄文時代の墓壙469基のうち279基から300個体の人骨が検出されている。窒素・炭素の同位体食性分析が行なわれ、縄文時代における食料組成が論じられている。このほか縄文時代の遺構として竪穴式住居跡58軒・配石26ヵ所・屋外埋設土器13基・ピット群多数が、遺物として土器片約208,000点・石器17,341点・土製品506点、その他骨牙製品・獣骨・炭化材などが出土している。

◆**草戸発掘調査報告I**　広島県草戸千軒町遺跡調査研究所刊　1993年3月　A4判　402頁

本書は広島県東部、福山市草戸町に所在する中世都市「草戸千軒町」の調査区域北部北半の調査結果である。検出された遺構は柵、掘立柱建物、礎石建物、道路、溝、井戸、池、土坑などであり、遺物は土師質土器・瓦質土器・輸入陶磁器・国産陶器などの土器類、折敷・曲物・墨書木札などの木製品、鉄製品・銅製品・北宋銭を主とする銅銭、石製品などが出土した。考察として土師質土器の編年と木簡の分析がまとめられ、流通活動の一端が窺える。

◆**上ノ原横穴墓群I**（1989年3月　A4判　414頁）・**II**（1991年3月　A4判　540頁）・写真図版編（1990年3月　A4判　403頁）　大分県教育委員会刊

大分県の北部を流れる山国川の東岸、通称下毛原丘陵に展開する大横穴墓群の報告書。初期横穴墓を含む総数81基が調査されており、形態分類・変遷・群構成などがまとめられている。また装身具・鉄器・土器・人骨などの遺物に関しては、他地域の類例を参考に考察を行なっている。総括では被葬者の親族関係・階層変遷・葬送儀礼・集団関係などが論じられており、附編として「大分県の横穴墓」「大宝二年豊前国上三毛郡塔里戸籍について」が掲載されている。

◆**六郷山寺院遺構確認調査報告書I**　大分県立宇佐風土記の丘歴史民俗資料館刊　1993年3月　B5判　78頁

大分県の北東部、国東半島に展開する天台山岳寺院、六郷山寺院に関する総合調査の一環で、宇佐市・後山石屋、豊後高田市・大折山、高山寺、山香町・津波戸石屋、大谷寺、辻小野寺の6ヵ所を対象としている。調査は寺域・伽藍配置の把握が主であるが、後山石屋と辻小野寺において新たに経塚遺跡群が確認された。経塚が奥の院の上手に位置することより、両者の関連性が想定されている。

◆**研究紀要**　第1号　栃木県文化振興事業団埋蔵文化財センター　1993年3月　B5判　332頁

北・東関東の揺籃期・和曾利EI式土器……………海老原郁雄
宇都宮市花の木町遺跡出土土器の再検討……………後藤信祐
栃木県塩谷郡氏家町四斗蒔遺跡について……………安永真一
大形前方後円墳の築造企画（1）………小森紀男・斎藤恒夫
足利市機上山古墳群の形成過程について……斎藤弘・中村享史
古墳時代後期の朝鮮半島系青……………………内山敏行
古代東国における墳墓の展開とその背景……………仲山英樹
所謂中世遺跡出土の烏帽子について……………………山口耕一
わが国近世以降における石灰焼成窯の技術史的研究……熊倉一見

◆**栃木県立博物館研究紀要**　第9号　1993年3月　B5判　100頁

平安時代後期における仏教の展開に関する覚書…………橋本澄朗

◆**国立歴史民俗博物館研究報告**　第53集　国立歴史民俗博物館　1993年11月　B5判　320頁

考古学における「かたち」の認識………………藤尾慎一郎
考古学用語の出土頻度の地域差

…………百瀬正恒
大規模遺跡における考古学情報の
　形成と活用…………百瀬正恒
　辻　純一・宮原健吾
機械計測による考古学遺物の実測
　図作成について…………植木智子

◆国立歴史民俗博物館研究報告
第55集　1993年12月　Ｂ５判　232頁
前漢鏡にあらわれた権威の象徴性
…………高倉洋彰
後漢鏡の編年…………岡村秀典
三角縁対置式系神獣鏡の図紋
…………西田守夫
西晋の鏡…………近藤　一
中国古鏡銘仮借字一覧表（稿）
…………笠野　毅

◆多知波奈考古　創刊号　橘考古
学会（千葉県市原市姉崎959—2
小高幸男方）　1993年10月　Ｂ５
判　72頁
東北横穴墓の一様相……池上　悟
東上総における横穴墓について
…………松本昌久
総における横穴式石室の研究
…………上野恵司
内裏塚古墳群の切石石室
…………小高幸男
古墳出土の須恵器甑について
…………坂本行広
成田市・伝伊都許利命墳墓横穴式
　石室について………荒井世志紀
　川津和久・大原崇浩
成田市公津原古墳群瓢塚第25号墳
　の横穴式石室について
……上野真由美・岡部祐二
安中市所在第４号墳の横穴式石室
…………高橋千晶
上総における鋳物師の一本拠地に
ついて……當眞嗣史・中能　隆
常陸・鹿島家墓地の宝篋印塔
…………北澤　滋

◆市原市文化財センター研究紀要
Ⅱ　市原市文化財センター　1993
年３月　Ｂ５判　437頁
房総半島の新期火山灰の降下につ
　いて…………近藤　敏
縄文時代後・晩期の装飾観念
…………忍澤成視
縄文時代動物意匠論序説
…………米田耕之助

市原市内出土の非在地系土器
…………近藤　敏
唐崎台遺跡の竪穴住居跡等の編年
　試案…………田中清美
土器に描かれた船……浅利幸一
ムラの廃絶・断絶・継続
…………大村　直
竪穴住居の耐久年数からみた房総
　における古墳時代須恵器の出現
　と終焉…………木對和紀
竈構造に関しての一考察
…………田中茂良
器の大きさ…………高橋康男
孟地遺跡の杯…………田所　真
地下式壙再考…………半田堅三

◆立正大学文学部論叢　第99号
立正大学文学部　1994年３月　Ａ
５判　194頁
日本考古学史拾遺………坂詰秀一

◆青山考古　第11号　青山考古学
会　1993年10月　Ｂ５判　96頁
すり鉢のあいかた………馬渕和雄
喫茶をめぐって（1）……手塚直樹
鎌倉出土の木製容器について（2）
…………玉林美男
錠前の変遷について（予察）
…………合田芳正
古代東国における瓦生産と工人の
　動向…………清水信行
イラン踏査における中国陶磁器に
　関する知見…………岡野智彦

◆考古学の世界　9　学習院考古
会　1993年12月　Ａ５判　76頁
関東地方の製塩土器……常松成人
中妻貝塚出土の安行式浅鉢形土器
…………矢野文明
中国文明の起源について
…………訳・松田昌治
北米・北西海岸地域の先住民の生
　活…………関　俊彦

◆考古学雑誌　第72巻第２号　日
本考古学会　1993年12月　Ｂ５判
128頁
頁岩製石刃石器群の比較研究
…………会田容弘
古墳出土の石製祭器……中井正幸
百済地域における横穴式石室分類
　の再検討…………吉井秀夫

◆東京都埋蔵文化財センター研究
論集　Ⅻ　東京都埋蔵文化財セン
ター　1993年３月　Ｂ５判　105頁

前方後円墳の成立過程…澤田秀実
『受付き灯明皿』にみる生産と流通
…………長佐古真也
浅草寺境内所在の礎石について
…………飯塚武司・斎藤　進
多摩丘陵の農村の景観…今井惠昭

◆研究紀要　第10号　埼玉県埋蔵
文化財調査事業団　1993年12月
Ｂ５判　276頁
子母口式新段階「木の根Ａ式」土
　器の再検討…………金子直行
羽状縄文系土器の紋様構成２
…………黒坂禎二
遮光器系土偶についての考察
…………浜野美代子
方形周溝墓出土の木製品
…………野中　仁・福田　聖
吉ヶ谷式集落の展開……石坂俊郎
埼玉県域の出現期古墳における土
　器祭式の様相…………山本　靖
東国における終末期古墳の基礎的
　研究（2）…田中広明・大谷　徹
腰帯の一考察…………田中広明
北武蔵の古代通路について
…………井上尚明

◆転機　第４号　向坂綱二発行
1993年７月　Ｂ５判　207頁
東日本における後期弥生土器研究
　の現状と課題…………加納俊介
土器の移動が意味するもの
…………石野博信
土器移動の諸類型とその意味
…………森岡秀人
尾張における弥生時代後期土器の
　様相…………宮腰健司
東日本における西遠江の後期弥生
　土器…………久野正博
東海地方東部における後期弥生土
　器の「移動」・「模倣」
…………中嶋郁夫
弥生時代後期における伊那谷の外
　来系土器…………山下誠一
相模における東海系土器の受容
…………立花　実
東海系土器群の受容と変容
…………松本　完
山中式・菊川式東進の意味するこ
　と…………比田井克仁
東日本における後期弥生土器研究
　の現状と課題・その２
…………加納俊介

◆知多古文化研究　7　知多古文化研究会　1993年4月　Ｂ５判　199頁
古代の伊勢湾・三河湾…坂野俊哉
篠島の歴史的位置………山下勝年
伊勢湾周辺の框構造を有する横穴式石室…………森　崇史
藤原宮・平城京・平安京出土の三河湾三島関係の木簡…山下勝年
脚付扁平広口坩考……中野晴久
三河湾の島々の製塩土器
　…………………………立松　彰
粕畑式・上ノ山式・入海0式土器の再検討…………山下勝年
知多半島における縄文時代中期の諸相（その2）………奥川弘成
東海西部の縄文前期末〜中期初頭土器の変遷………増子康真
中田池A地点第1号窯出土の陶硯
　…………………………磯部幸男
刻器の生殖民芸用具説について
　…………………………杉崎　章
知多半島における中世城館研究の成果と課題…………福島克彦
小栗哲次郎氏の考古学上における業績について……大橋　勤
◆研究紀要　第2号　三重県埋蔵文化財センター　1993年3月　Ｂ５判　176頁
三重県における早期前半の遺跡分布とその様相………田村陽一
三重県における押型文土器出土遺跡の分布動向（補足報告）
　…………………………奥　義次
大鼻式・大川式の再検討
　…………………………山田　猛
奈良県の押型文土器研究の動向
　…………………………松田真一
粟津遺跡の縄文早期の土器について…………松澤　修
中部山岳地方の押型文系土器（前半期）の様相………会田　進
押型文土器の起源と変遷に関する新視点………矢野健一
◆橿原考古学研究所紀要考古学論攷　第17冊　橿原考古学研究所　1993年3月　Ｂ５判　71頁
東アジア大陸の石器文化からみた日本の縄文文化………張　宏彦
単位地域論……………山川　均
古式大型仿製鏡について

　……………………高橋　徹
桜井茶臼山古墳出土大型仿製内行花文鏡の破鏡の可能性について
　…………………………今尾文昭
奈良・メスリ山古墳出土の大型内行花文鏡…………今尾文昭
◆古代文化　第45巻第10号　古代学協会　1993年10月　Ｂ５判　64頁
武器の所有形態からみた常備軍成立の可能性について（下）
　…………………………田中晋作
平群谷古墳群再論（上）
　………辰巳和弘・森下浩行
　　　吉村公男・辻川哲朗
鉄小札・革小札を併用する挂甲
　………辰巳和弘・永井義博
　　　塚本敏夫・杉本和江
日本人の大連における考古活動（1895〜1945年）………許　明綱
◆古代文化　第45巻第11号　1993年11月　Ｂ５判　72頁
土俗考古学の勧め………渡辺　仁
マタギの土俗考古学
　………安斎正人・佐藤宏之
稲作文化圏の伝統的土器作り技術
　…………………………小林正史
考古学と言語学………後藤　明
手広遺跡出土の縄文時代遺物
　…………………………西田泰民
◆古代文化　第45巻第12号　1993年12月　Ｂ５判　62頁
平群谷古墳群再論（下）
　………辰巳和弘・森下浩行
　　　吉村公男・辻川哲朗
◆摂河泉文化資料　第42・43号　摂河泉文庫　1993年9月　Ｂ５判　128頁
池田市吉田出土の備蓄銭
　…………………………田中晋作
能勢町山内出土の備蓄銭
　…………………………尾上　実
「大伴備蓄銭」とその周辺
　…………………………小林義孝
大阪府下出土の「備蓄銭」
　…………………………小林重孝
京都府出土の備蓄古銭
　………杉原和雄・森島康雄
和歌山県出土の埋銭……松下　彰
兵庫県下出土の備蓄銭…渡辺　昇
備蓄銭の謎を科学する…山口誠治
和歌山県における横穴式石室の展

開………………………前田敬彦
寺を守った城砦群………水島大二
根来寺における中世後期の石造物
　…………………………北野隆亮
◆待兼山論叢　史学編　第27号　大阪大学文学部　1993年12月　Ａ５判　107頁
前方後円墳体制と民族形成
　…………………………都出比呂志
◆考古学研究　159　考古学研究会　1993年12月　Ａ５判　150頁
「大足」の再検討　………秋山浩三
後崗文化の編年と類型…李　権生
◆古代文化研究　第1号　島根県古代文化センター（松江市打出町33）1993年3月　Ｂ５判　201頁
弥生時代の鳥形木製品…錦田剛志
鉄製武器に関する一考察
　…………………………池淵俊一
◆香川考古　第2号　香川考古刊行会　1993年12月　Ｂ５判　83頁
中世宇足津・平山………東　信男
十瓶山窯跡群の須恵器とその検討課題…………佐藤竜馬
高松市長崎鼻古墳の測量調査報告
　………森下浩行・山本英之
高松市木太町大池遺跡表採の有舌尖頭器………浜田重人
なつめの木貝塚の縄文土器
　…………………………笹川龍一
石塚山5号墳出土遺物…片桐孝浩
坂出市川津町井手の上出土の土器について………山元敏裕
高松市滝本神社古墳の測量調査
　………伊藤裕偉・佐藤竜馬
◆古文化談叢　第31集　九州古文化研究会　1993年12月　Ｂ５判　286頁
古墳に伴う牛馬供犠の検討
　…………………………桃崎祐輔
同型鏡の諸問題………川西宏幸
愛媛県玉川町出土の杯付壺と鈴付椀………………正岡睦夫
東京大学考古学研究室所蔵百済土器………………白井克也
太宰府の造営………狭川真一
松菊里類型の検討………安　在晧
　　　　　　後藤　直・訳
洛東江河口　金海地域の環境と漁撈文化……潘　鏞夫・郭　鍾喆
　　　　　　中島達也・訳

考古学界ニュース

編集部編

九州地方

弥生後期〜古墳期の木製品 鹿児島市郡元一丁目の鹿児島大学地域共同研究センター建設予定地で鹿児島大学埋蔵文化財調査室による発掘調査が行なわれ、河川跡から井堰跡か護岸用と考えられる杭列、弥生時代を中心とした縄文時代前期から古墳時代までの土器片、弥生時代後期から古墳時代の木製品を含む約5,000点の遺物が出土した。とくに木製品は保存状態が良く、組合式の鋤の身と柄（樹種は未確認）や刳り抜き容器（長さ23cm、幅15cm）、筌様の遺物などが見つかった。さらに石庖丁や紡錘車も発見されており、南部九州では該期の水田跡は発見されていないものの、その存在の可能性が高まったといえる。

弥生時代の玉飾漆鞘が出土 佐賀県鳥栖市の北西部に所在する柚比本村遺跡は、弥生時代中期の祭祀遺構群と掘立柱建物群および墳墓群が主体の複合遺跡である。この遺跡の弥生時代中期前半の甕棺墓から、碧玉を嵌装し漆を塗った鞘が、細形銅剣を収めた状態で出土した。鞘は全長41.5cm、幅7.0〜7.5cmで、長さ11mm、幅2.5mm、厚さ1mmほどの板状に加工研磨した碧玉を、木鞘の上面に8列20行に整然と貼り付け、上からベンガラ漆を3層重ね塗りした後、朱漆で仕上げ、石上面の漆を掻き落している。このような漆芸技法を用いて作製された鞘は国内初見であり、形態から佩用の状況までも想定し得る極めて重要な資料である。

歓喜天像の鋳型 福岡市教育委員会が発掘を行なった福岡市博多区冷泉町の櫛田裁縫学校跡地から、秘仏として公開されていない例の多い歓喜天像の土製鋳型がみつかった。14世紀前半の鎌倉時代末〜室町時代の

ものとみられるが、歓喜天の鋳型は江戸時代のものが知られるもののそれ以前のものは珍しい。鋳型は長さ10cmで、中央から縦割して像を取り出す仕組で、足元には湯口もあった。また銅を溶かするつぼや原料の銅銭、銅の塊、砥石なども出土、ほかに「櫛田宮」の銘が入った瓦もみつかった。歓喜天は真言密教の儀式に用いられる仏像で、室町時代には櫛田神社の北側に大乗寺という密教寺院が、また江戸時代には密教寺院東長寺の末寺・神護寺があったとされる。

火葬を伴う方墳 中津市南部の標高40mほどの丘陵地にある同市大字相原で、中津市教育委員会によって永添遺跡の発掘調査が行なわれた。この発掘の結果、古墳時代終末期から近世に至る墓地群であることがわかった。同遺跡では方墳7基、円墳・方形周溝墓各1基、火葬墓16基、土壙墓7基が確認された。古墳はすべて墳丘部が削平されていた。方墳の一辺は10〜5mほどで、うち6基は横穴式石室をもっていた。残る1基には石室がなく、墳丘の中心部に須恵器の蔵骨器を埋納していた。8世紀後半頃より火葬に移行して行ったと思われる。古墳の石室がかなり小さいことから、何らかの形で薄葬令の規制の影響が考えられる。また付近に7世紀末創建といわれる相原廃寺があり、永添遺跡との関連が注目される。

中国地方

須恵質の埴輪 山口県熊毛郡田布施町教育委員会が発掘調査を行なった同町大波野の納蔵原古墳で県内で3例目の須恵質円筒埴輪が出土した。同墳は全長24m以上、後円部径18m、高さ約3mという6世紀中葉の小型前方後円墳で、埴輪は後円部東側から出土した。高さ約50cm、直径30cmで、ほぼ完形に復元され、青灰色硬質胎土

にベンガラが塗られていた。また格子文・波状文を施した埴輪もある。横穴式石室は玄室長4.3m、幅2.8mで、副葬品として鉄鏃、鉄刀、槍、袋状石突、鍍銀鉄製柄縁金具・鉄地金銅製辻金具や鉸具2点などの馬具、銅地金張耳環、その他が出土した。

朱塗り、蕨手文様の石棺 島根県教育委員会が調査を進めていた安来市吉佐町山根の穴神1号横穴墓の石棺から朱色の蕨手などの文様を描いた彩色装飾が発見された。横穴は6世紀終わりごろのものと推定され、玄室は幅3.1m、奥行2.6mあった。石棺は長さ2.2m、奥行1.1m、高さ1.1mで、平入りの横口式家形石棺とよばれるもの。蓋の上面や内面の一部が丹塗りされていたほか、開口部の両側の石（幅約40cm、高さ約70cm）の前面に蕨手、三角、縦線などの文様が施されていた。横口式石棺自体九州からの波及といわれているが、石棺に装飾を施した例は九州以外にないため、九州との関係がさらに深まった。

周堤をめぐらす竪穴住居跡 倉吉市和田の夏谷遺跡で倉吉市教育委員会による発掘調査が行なわれ周囲に周堤をめぐらす弥生時代末から古墳時代前期にかけての大型住居跡が発見された。同遺跡の調査では弥生時代後期から古墳時代後期にまたがる竪穴住居跡60棟余りと古墳、掘立柱建物跡などが検出された。周堤を伴う竪穴住居跡はやや角の丸い六角形で、8.4m×7.6mと大型。周堤は高さ約40cm、上部の幅2mあり、周堤を含めた規模は18m×16mある。また周堤から床面までの高さは1.5mあり、梯子で出入りしていたらしい。また別の方形竪穴住居跡から滑石製の琴柱形石製品が出土した。5世紀前半ごろのもので、古墳以外から出土したのは全国でも珍しい。

発掘調査

両宮山古墳に3番目の陪塚？
全長192mの前方後円墳・両宮山古墳（岡山県赤磐郡山陽町穂崎）の近くの水田で，山陽町教育委員会による森山古墳関連遺跡の調査が行なわれ，埋没していた5世紀後半の古墳1基が発見された。古墳は円墳の一部とみられ，直径約22m。葺石があり，幅3.5mの周濠を伴っている。周濠からは蓋形や家形埴輪，シカの線刻画を施した円筒埴輪などが出土した。この古墳は両宮山古墳の南東約100mにあり，同古墳の陪塚とされる森山古墳（長さ85m）の北東約100mに位置する。陪塚はもう1基，北東に茶臼山古墳（円墳）があるが，今回の古墳は3番目の陪塚ということになる。両宮山古墳は1片の埴輪もみつかっておらず，年代や性格の判定がむずかしいだけに新しい陪塚の発見は解明につながる新資料として貴重。

――――――――近畿地方

難波宮跡から朝集殿　大阪市文化財協会が発掘を進めている大阪市中央区上町の前期難波宮跡で，役人の待機や饗宴を行なう場である朝集殿（朝集堂）とみられる建物跡が発見された。朱雀門跡の北西約40m付近で，約3m間隔で南北に細長い掘立柱建物跡（東西約5.8m，南北8.8m以上）がみつかったもので，以前に朱雀門の北東の対称位置からも同様の建物跡（東西約5.8m，南北55m）がみつかっていることから，これらが朝集殿跡であることがわかった。しかし藤原宮などでみつかっている朝集殿よりはかなり中央寄りという位置にある。朝集殿の初期の形態を示すものかもしれない。また朱雀門につながる回廊跡の14ヵ所にみつかった柱穴のうち6ヵ所の柱穴では西に接してほぼ同じ大きさの穴が発見された。しかしこれらには柱が立てられていた痕跡が ないようで，施工途中の設計変更かミスによるものと考えられる。

中世末の船を放水口に転用　大阪府大阪狭山市の狭山池で出土した近世初期の放水口に使われた木材が，中世の船材であることが大阪狭山市教育委員会の調査でわかった。木材は2ヵ所の樋のうち，中樋の発掘で最底部からみつかった。材質はほとんどが檜で，約50片。最大のもので長さ4m，幅50cm，厚さ17cmある。年輪年代測定法で調べたところ，1566年以降に伐採されたことがわかった。船釘を打ちつけたとみられる穴や反った板の存在などから中世末期ごろの大型構造船の船材とみられるが，こうした船自体が発見されたのは非常に珍しい。元の船は全長30m前後あったとみられている。

赤銅色の銅鐸　堺市下田町の下田遺跡（縄文～古墳時代の複合遺跡）で大阪府埋蔵文化財協会による発掘が行なわれ，製作当時の赤銅色に輝く弥生時代中期の銅鐸が発見された。銅鐸は扁平鈕式四区袈裟襷文とよばれる中段階形式のもので，高さ22cm，最大径11cm。弥生時代の河川跡近くに掘られた直径44cm，深さ30cmほどの楕円形の穴の中に，左右の鰭を立てた横倒しの状態で丁寧に埋めてあった。粘土状になった土の中にあったため鮮やかな赤銅色のまま出土したが，数十分で赤茶色に酸化してしまった。このため同協会では真空パックにして奈良国立文化財研究所に保存処理を委託した。

八卦占いの木簡　橿原市城殿町の藤原京跡で橿原市教育委員会による発掘が行なわれ，京の西四坊々間路東側溝跡から八卦占いや呪符木簡など5点が出土した。八卦占いの木簡は長さ20.5cm，幅3.1cmの短冊型で，表に「年卅五　遊年在乾　絶命在離　忌　禍害在巽　忌　生気在兌　宜　占者甚吉」，裏は「宮任良日　㊁月十一日庚寅木開　時者卯辰間乙時吉」とあり，庚寅の3月11日で開の日は705年しかないことがわかった。35歳の男性が1年の方角の吉凶と宮仕えによい日を八卦で占ってもらったことを示すもので，文章を書いた陰陽師は『五経大義』というテキスト通りに占っていた。また呪符木簡も長さ46.7cm，幅8.3cmの短冊型で，表に「四方卅口神龍王」「七里□□内□送々打々急々如律令」，裏には「東方木神王」「南方火神王」「中央土神王」「婢麻佐女生年廿九黒色」「婢□□女生年□□□色□」と書かれ，両手を広げた格好で立っている女性二人の姿が描かれていた。橋の近くからみつかったことから，人柱かその代わりの木簡ではないかとみられている。

丹後から青龍銘鏡　京都府竹野郡弥栄町和田野と中郡峰山町矢田にまたがる大田南5号墳（4世紀後半）から中国・魏の年号である青龍3年（235）の銘文が刻まれた方格規矩四神鏡が出土した。同墳は竹野川西岸の丘陵頂上にある18.8m×12.3mの小方墳で，弥栄町，峰山町の両教育委員会が発掘を行なっていた。鏡は直径17.4cmで，組合式石棺内の被葬者の頭の右上側から出土，さらに鉄刀と歯十数本も同時にみつかった。文字は「青龍三年顔氏作竟成文章左龍右虎辟不詳朱舜玄武順陰陽八子九孫治中央壽如金石宜矦王」の39字。国内出土の紀年鏡はこれまで呉の赤烏元年（238）が最古例だった。しかし，鏡工人の名前としては例のない「顔氏」という名や中国鏡には少ない正L字形の文様など問題点を多く残している。

――――――――中部地方

室町期の地下式土坑　名古屋市にある名古屋城三の丸遺跡の能楽堂建設予定地で名古屋市教育委員会の見晴台考古資料館による発掘調査が行なわれ，南北に2つ並ん

考古学界ニュース

だ袋状の土坑がみつかった。内部は高さ1.8m，長径3.5～4.0mほどの大きさで，1基は入口部分がはっきりわかるもの。出土した土器などから室町時代に遺体の安置場所として使用されていたものとみられる。こうした土壙は関東や三河地方ではみつかっているが尾張地方では初めての例。土坑の近くからは室町時代に骨壺として使われた可能性のある四耳壺や天目茶碗なども発見され，現場付近には寺院があった可能性もある。また土坑の東側からは南北に走る深さ約3m，幅4mのV字形大溝もみつかった。今の名古屋城二の丸付近にあったという那古野城に関連する遺構とみられ，家臣の屋敷を区画するためのものと推定される。これまで那古野城関連の大溝は数カ所でみつかっているが，今回のものは最も西側で，那古野城の規模が予想より大きかったことが知られた。

弥生後期の墳墓群　福井県丹生郡清水町教育委員会が4年にわたって発掘を進めていた同町小羽の小羽山墳墓群で弥生時代後期の大小44基の墳墓が発見された。周溝がL字形やコの字形，弧状など，同じ造りの墓2～6基ずつで形成されており，全体では14グループにもなることがわかった。1つ1つのグループが特定の家族，家系を表わすとみられている。大型墳丘墓のグループではヒスイの勾玉を副葬した幼児埋葬墓も発見された。また30号墓と26号墓はともに26×21m，高さ2.6～3mもある大型墳丘墓で，とくに26号墓は大人4人，子供2人の計6人が埋葬された跡があり，土器も50点ほど発掘された。さらにわずか20年の間に墳墓全体が造られたことも注目される。

北庄城の石垣？　福井市教育委員会は福井市中央1丁目の柴田神社周辺で北庄城天守跡地との伝承に基づいて発掘調査を行なったが1575年（天正3）に柴田勝家が築いた北庄城の遺構と確定するには至らなかった。既存の石垣の下部を掘り下げたところ，上段部分が加工された石を整然と積んでいたのに対し，最下段3段は荒く削った笏谷石を積み上げた戦国時代特有の野面積みの可能性があることがわかった。また石の中には「△」や「井」の刻印もみられた。北庄城は1583年に豊臣秀吉に攻められて落城，その後1601年（慶長6）に結城秀康が福井城を築いた時に北庄城の石垣を再利用したとする説がある。なお戦国時代の天目茶碗の破片もみつかった。一方，柴田神社から北西約400mの市内中央1丁目で平成5年6月から6年2月にかけて実施された発掘調査で確認された石垣・堀は，江戸時代の十数枚の福井城下図にないことから，北庄城の可能性が高いとみられている。

積石塚円墳に張り出し　須坂市教育委員会が史跡公園化に伴う範囲確認調査を行なっていた市内八町の県史跡・鎧塚1・2号墳で，積石塚円墳に方形の張り出し部が確認された。この古墳は2号墳で，南側に南北5.5m，幅3.5mほどの石敷きの張り出し部があり，中央に長さ2.4m，幅50cmの箱式石棺が安置されていた。2号墳は6世紀初頭の築造とされているが，張り出し部は同時期かそれほど遠くない時期に造られたとみられる。また1号墳と2号墳の間に新たに直径約10mの6号墳が発見された。出土した土師器から6世紀半ば以降の築造とみられ，中心部を土で盛った古墳の可能性が強い。

――――関東地方

人面付の円筒埴輪　前橋市教育委員会が発掘を進めている市内東大室町の国指定史跡・中二子古墳から人面付円筒埴輪が出土した。全長175mの前方後円墳・中二子古墳からは多数の人物埴輪（盾持ち人）や円筒埴輪がみつかっているが，この人面付円筒埴輪は前方部から出土した。直径22cmで推定高55cmの円筒埴輪の側面に人面は表現されている。上半部は欠けているが，鼻は立体的に，目と口は切れ込みで，顔の輪郭は線で描かれていた。また八の字状の線刻で入れ墨もついていた。このほか同古墳から出土した埴輪の3割以上に藤岡市周辺から産出する結晶片岩の砂粒と海綿の化石が混じっていることが判明し，藤岡市本郷の本郷埴輪窯址（国史跡）で作られた可能性が強まった。

後期旧石器時代の大型礫群　群馬県勢多郡新里村武井の武井遺跡で新里村教育委員会による発掘調査が行なわれ，約1万7千年前の後期旧石器時代とみられる大規模な礫群などが発見された。今回の調査では約1万7千年前と約1万3千年前の2つの地層から遺物が出土，遺跡は約3万㎡にも及ぶことがわかった。とくに1万7千年前の地層（浅間―板鼻褐色軽石群の直上）には礫群が遺跡全体に分布しており，礫群の1つは200～300個の拳大の安山岩で構成されていた。石槍などの石器や剥片が数万点出土したほか，長野県産の黒曜石や山形県産の珪質頁岩，石核だまりなどもみつかり，平野部では珍しい旧石器の製造拠点であることが知られた。また1万3千年前の地層からは細石刃・細石刃核が数十点出土している。

――――東北地方

縄文後期の配石墓　仙台市太白区大野田の大野田遺跡で仙台市教育委員会による発掘調査が行なわれ，昨年出土した縄文時代後期の環状集石群の下から新たに配石遺構群がみつかった。配石遺構は約

30基あるが，うち10数基が内部構造から墓地とみられる。石は楕円形や方形状に並べられ，北側からは建物の柱跡も多数みつかった。また周辺からは土偶200点以上のほか耳飾，腕輪などが多くみつかった。配石墓は北西部に弧状に並べられ，直径30〜40mの円状に広がっている可能性があり，全体の構造は岩手県の西田遺跡に類似している。

────────学界・その他

人の動き（順不同）

岡村秀典氏　京都大学人文科学研究所助教授

宮本一夫氏　九州大学文学部助教授

大貫静夫氏　東京大学文学部助教授

信立祥氏　茨城大学人文学部助教授

田中　琢氏　奈良国立文化財研究所所長

宮本長二郎氏　東京国立文化財研究所修復技術部部長

安藤孝一氏　東京国立博物館考古課長

日本考古学協会第60回総会　5月14日（土），15日（日）の両日，東京学芸大学において開催された。

＜講演会＞

藤本　強：近世考古学の可能性

竹内　誠：江戸の暮らしと文化

＜研究発表＞

池谷信之・望月明彦：愛鷹山麓AT以下黒曜石製石器の原産地―土手上遺跡環状ブロック群出土石器の原産地推定

小林謙一：竪穴住居の廃絶時の姿―SFC遺跡・大橋遺跡の縄文中期の事例から

宍倉昭一郎・日暮晃一ほか：園生貝塚の研究―「石器時代における海岸集落の社会構成」序論

大塚達朗：橿原式紋様の再検討

久世建二・北野博司ほか：縄文土器から弥生土器への野焼き技術の変化

橋口尚武：東の貝の道―伊豆諸島から東日本へ

中園　聡：弥生時代開始期における壺形土器の受容と展開のプロセス―九州を中心として

古川　登：北陸における弥生時代後期の墓群構造について―小羽山墳墓群の調査成果を中心に

田中晋作：古墳時代常備軍成立の可能性について

久世建二・小林正史ほか：須恵器杯類の製作技法

黒崎　直・松井　章ほか：トイレの考古学

中村昇平・渡辺正気：福岡県春日市ウトグチ瓦窯跡の発掘成果とその意義

大川　清・大金宣亮・須田　勉：下野薬師寺跡の第16・17次調査

小林謙一・玉田芳英：平城宮東院の調査

群馬県埋蔵文化財調査事業団・谷藤保彦ほか：中世室町期にみる信貴形水瓶について―群馬県箕郷町和田山古墳群東地点の出土資料から

北野信彦・高山　優：江戸・大名屋敷遺跡出土の漆器について―伊勢菰野藩土方家屋敷跡遺跡の調査結果から

桜井準也・朽木　量・浅野沙和子：近世農村考古学と地域研究―神奈川県藤沢市遠藤地区の事例から

岡田文男・成瀬正和：楽浪王盱墓出土漆器の自然科学的調査

岡内三眞：鏡背にみる仏教図像―三角縁仏獣鏡と仏獣夔鳳鏡，画文帯仏獣鏡

伊藤秋男：韓国・陜川磻渓堤オA号墳出土の革製馬冑の復元について

石澤良昭・中尾芳治ほか：アンコール遺跡群の調査―バンテアイ＝クデイ遺跡の発掘成果

大橋康二・坂井　隆：インドネシア・バンテン遺跡出土の中国・日本陶磁器

また原の辻遺跡や中山大塚古墳など最近話題になった発掘調査の成果を速報する調査速報会も同時に行なわれた。

さらに今回は会長の改選年に当たっていたが，引き続き横山浩一九州大学名誉教授が会長に，麻生優千葉大学教授が副会長に再選された。なお，秋の大会は11月5日〜7日，京都の同志社大学新町校舎において開催される予定。

平安建都1200年記念展覧会

「甦る平安京」　9月22日（土）から10月23日（日）まで，京都市美術館（京都市左京区岡崎最勝寺町）とその周辺を会場に開かれる。同展では10m四方に及ぶ平安京精密模型を中心に，考古資料や絵画・彫刻などの美術工芸品により平安時代400年の歴史と文化を再現するもので，シンボルエリア，平安前期ゾーン「都市の形成」，平安中期ゾーン「国風の文化」，平安後期ゾーン「流通と消費」，平安の美術の5つのエリアで構成される。考古資料の主なものとしては，平安京古瓦，緑釉宇瓦，豊楽殿鴟尾，独楽・サイコロなどの遊具，木簡，下駄，土器，皇朝銭，陶磁器，六勝寺の瓦，鳥羽離宮関係資料などが展示される。

「大唐長安展―京都のはるかな源流をたずねる」　9月9日（金）から11月27日（日）まで，京都文化博物館（京都市中京区三条高倉）を会場に開かれる。同展では長安城とその周辺から出土した資料を中心に展示するとともに，コンピューター映像によって長安城を再現し，唐と日本との往来がわかるように構成されている。中国からの出展文物は陝西歴史博物館・昭陵博物館などから120件，国内からは各国立博物館・宮内庁などから約150件が出展され，記念講演会も開催される予定。

第3回
雄山閣考古学賞　受賞図書発表

●考古学賞●

川越哲志著

『弥生時代の鉄器文化』

雄山閣出版発行
1993年12月

選考過程

　第3回雄山閣考古学賞選考委員会は平成5年に刊行された図書の中で，全国より推薦をうけた20点に対し，慎重に検討を重ねた結果，川越哲志著『弥生時代の鉄器文化』（雄山閣出版刊）を雄山閣考古学賞に選んだ。本書を選ぶにあたっては，学術的な内容，意義のみで検討し，全員一致して決定した。

　1. 日本の鉄および鉄器文化の研究は，潮見浩さんを中心とする広島大学考古学研究室，および鉄・鉄器文化研究の全国的組織であるたたら研究会が中心となって永年にわたって推進してきた。本書は，潮見さんの『東アジアの初期鉄器文化』（1982年，吉川弘文館）の内容を受けて，弥生時代の鉄器文化の研究成果を集大成したものである。今後，弥生時代の鉄を，日本の鉄の歴史を学習する出発点としての位置をとわに維持するに違いない。

　2. 第1章では「東アジアの鉄器文化の動向」の中で弥生鉄器をとらえて，中国・朝鮮半島から「流入した初期鉄器」をかかげるとともに，きわめて重要な指摘をおこなっている。すなわち，「日本で独自に作り出した器種，省材を図った小型鉄器，本家も及ばない展開をした鉄器など，日本人の応用力を示すもの」が多い，という文である。

　本文各章，および第4章「弥生時代鉄器の歴史的意義」に明らかなように，日本で独自に作り出したものは板状鉄斧・摘鎌，省材を図った小型鉄器は摘鎌である。本家も及ばない展開をとげたものは，中国で木簡を削る文房具だったヤリガンナであって，日本で工具となって大型化した。本書が鉄器の追求にとどまらず，日本文化論の中で鉄器を位置づけている点に，川越さんの独創性が発揮されており，本書の結論の中でも異彩を放っている。

　3. 第2章では，工具，農具，漁撈具，武器，装身具にわけて，どのような種類の鉄器がどこで出土し，どの時期に属するかを網羅的に集成して，詳細な遺物論を展開しており，実測図も豊富にそえてある。この資料を手がかりとして，読者は，自らの研究を始めることもできるのである。

　4. 第3章「弥生時代の鉄器をめぐって」は，鉄製錬の開始時期，鉄器化の進行と地域性，鉄製武器の流入と「倭国大乱」等々，5つの所論を展開し，それぞれ弥生時代の鉄器研究の問題を深くほりさげている。このうち，鉄器化の進

行と地域性では，最近の報告書がおこなっている石斧の種類別の数，割合と少数の鉄器の出土例とを手がかりにして，伐採用の斧に先んじて加工用の斧から鉄器化したことを説く。しかし，石斧の器種別の集計は破損品や転用品もあわせかぞえてあり，はたしてその他，その時期の斧の割合を正しく反映するか不安ものこる。木製品の石斧，鉄斧による加工痕跡の識別，石

器用・鉄器用の砥石の識別なども合わせて，さらに総合的な研究を将来に期待したいと思う。しかし，これは本書の偉大さの中での小さな問題にすぎない。

＜付記＞ 川越哲志さんは病苦を克服して本書をまとめられた。一日も早く恢復され，さらなる研究を発展されることを祈ってやまない。

（選考委員・佐原　真）

目　次

第1章　初期鉄器時代としての弥生時代
　第1節　東アジアの鉄器文化の動向
　第2節　日本へ流入した初期鉄器
第2章　弥生時代鉄器各説
　第1節　鉄製工具
　　1鋳造鉄斧　　　　2板状鉄斧
　　3袋状鉄斧　　　　4鉇（やりがんな）
　　5鉄鑿（のみ）と鏨（たがね）　6鉄刀子
　第2節　鉄製農具
　　1鉄鋤・鍬先　　　2鉄鎌
　　3摘鎌（つみがま）
　第3節　漁撈具
　　1釣り針　　　　　2ヤスとモリ（銛）
　　3アワビオコシ　　4まとめ
　第4節　鉄製武器

　　1鉄剣・短剣　　　2素環頭刀・素環頭刀子
　　と鉄刀　　　　　　3鉄矛と鉄槍
　　4鉄戈　　　　　　5鉄鏃
　第5節　装身具
　　1鉄製指輪　　　　2鉄製腕輪（鉄釧・鉄環）
　　3鉄鑷子
　第6節　その他の鉄器（鉄製紡錘車）
第3章　弥生時代の鉄器をめぐって
　第1節　日本の鉄製錬の開始時期をめぐって
　第2節　弥生時代の鉄斧と鉄釘をめぐって
　第3節　鉄器化の進行と地域性
　第4節　鉄製武器の流入と「倭国大乱」
　第5節　弥生時代鉄器の性質とその製作
　　1鉄器生産の開始　2弥生時代の鍛冶遺構
　　3鍛冶滓　　　　　4鉄素材と鉄器の製作
第4章　弥生時代鉄器の歴史的意義

本書は1991年末までに出土した弥生時代の鉄器を集成し，その体系化を意図したもので，4章13節で構成している。

第1章「初期鉄器時代としての弥生時代」の第1節「東アジアの鉄器文化の動向」では，弥生時代は，大陸との交渉によって長い停滞的な採集経済から脱却して生産経済に移行した，階級社会成立直前の激動の時代であり，その文化は農業文化，初期金属器文化と定義し，金属器では鉄器の使用が青銅器の使用に先行し，最初から利器として生産力に直接かかわっており，トムセンの三時期法に基づいて，「初期鉄器時代」とした。中国・朝鮮半島の金属器文化の動向から，弥生時代の鉄器は，製品，素材，技術の多くを大陸からの技術移転を含めた交渉に負ってはいたものの，独自の展開を遂げ，日本人の応用力を発揮した面もあり，これも中国の鉄文化が拡散して到達した東の辺境地域の現象ととらえている。第2節「日本へ流入した初期鉄器」では縄文末期，弥生前期の鉄器資料27を挙げ，前期例のうち，古いものは輸入品で，中国戦国時代の鋳造鉄器が多く，前期後半になって，国産品が出現するとする。

第2章「弥生時代鉄器各説」は本書の中核をなすもので，1,784点の鉄器，171点の関連資料を実大の1/2, 1/4, 1/6で図示し，鉄製工具（鋳造鉄斧，板状鉄斧，袋状鉄斧，鉇，鉄鑿と鏨，鉄刀子），鉄製農具（鉄鋤・鍬先，鉄鎌，摘鎌），漁撈具（釣り針，ヤスとモリ，アワビオコシ），鉄製武器（鉄剣・短剣，素環頭刀・素環頭刀子

113

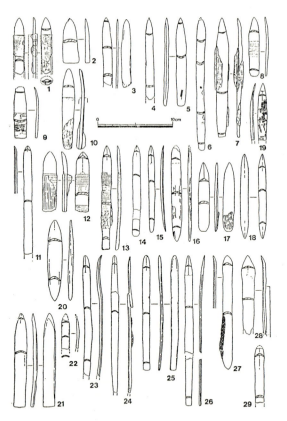

鉇（1）
1〜10：A1型，11〜16：A2型，27〜29：A3型

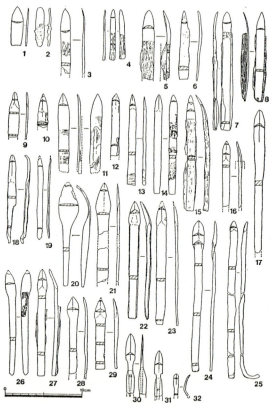

鉇（2）
1〜8：B1型，9〜19：B2型，20〜29：B3型，30〜32：C型

上段：朝鮮半島の鉄戈，中・下・右段：日本弥生時代の鉄戈

と鉄刀，鉄矛と鉄槍，鉄戈，鉄鏃），装身具（鉄製指輪，鉄製腕輪，鉄鑷子），その他（鉄製紡錘車）の6節22項に分けて，それぞれ，研究小史，形式分類，変遷と系譜，着柄と用途，石器との関連，中国・朝鮮半島の関連資料などを検討している。

　第3章「弥生時代の鉄器をめぐって」では第1節「日本の鉄製錬の開始時期をめぐって」は学史をまとめる形で縄文時代説，弥生時代説，古墳時代説の各説を紹介し，広島・小丸遺跡を弥生時代の製錬炉として積極的に評価する一方，弥生時代の鉄製錬が明らかになるのはもはや時間の問題だとしている。第2節「弥生時代の鉄斧と鉄鉇をめぐって」では，鉇（手斧）の鉄器化が斧より優先し，日本人が最初に手にした斧鉇は鋳造鉄斧であり，これは新しい高度な文化の象徴に触れ，独自の鉄器文化を生み出すきっかけとなったこと，板状鉄斧は最初の国産品で，習い立ての鉄の加工技術が最初に投入されて，木工技術の深化，展開の画期，生産力発展の画期ともなったこと，袋状鉄斧は用途に応じた多彩な鉄斧，鉄鉇を生み出して，日本人の器用さと応用力を引き出したことがその歴史的意義としている。第3節「鉄器化の進行と地域性」では鉄器の形式別変遷表をもとに，I〜V期の農工具鉄器化の段階設定をおこない，日本列島の地域によって弥生時代中に到達しえた段階が異なること，それぞれの器種ごとにも導入の地域性があること，鉄器の形態にも地域性があることを示した。さらに畿内地方は生産手段の鉄器化が北部九州にくらべてきわめて貧困であることから，畿内地方が一大政権を樹立していくためには，生産力高揚のもとになる，農工具の鉄器化とは異なる事情があったのではないかと推測している。第4節「鉄製武器の流入と『倭国大乱』」では中国の「馬弩関」の廃止（前1世紀前半，弥生時代中期中葉）によってようやく南部朝鮮，北部九州に鉄製武器が入るようになるが，日本では高価格のため兵士全員がこれで武装するほど行き渡らず，首長層が佩用したもので，一般の戦闘は弓矢が主要武器であって，「倭国大乱」も対人戦闘用大型鉄鏃の出土状況からあとづけられるとしている。第5節「弥生時代鉄器の性質とその製作」では鉄器の各器種の国産化開始時期を明らかにし，もっとも古い片刃板状鉄斧の存在から鉄器国産開始は前期後半であるが，鉄器生産の小鍛冶炉である鍛冶遺跡13からは，中期後半例がもっとも古いが，鉄滓の出土からは，鉄器生産が前期前半まで遡りうること，5種156点の鉄片を，国産の鉄素材として国内で流通していたとし，その原料として鉄鉱石と砂鉄があり，化学分析などから鍛造・鍛接技術や熱処理技術にも触れている。

　第4章「弥生時代鉄器の歴史的意義」は本書3章の各節各項を要約したもので，大陸の鉄文化の伝播が中国→朝鮮半島→北部九州という本筋のほかに，アムール川流域・沿海州地域の低温還元の鉄文化がサハリン→北海道という北方ルートを経てきた可能性も取り上げた。また，中国鉄文化を代表する銑鉄生産と鉄器鋳造技術が導入されなかった点を，それがあまりにも高度な技術のため，日本人には手に余るものであったことにもよるが，中国ではそれが専売制の対象になり，厳重な国家の管理で，外国への技術移転も漢政府の認めるところではなかったためと結論した。また，「馬弩関」による鋼鉄武器の輸出厳禁も鉄と武器が戦略物資として扱われていたことを示し，このように，鉄文化の導入が東アジアの政治的な動向と深く結びついていた点と，先進の鉄文化を積極的に導入をはかり，これに独自の改良を加えて当時の日本に見合った鉄器を作り出して，応用力に富んだ日本人の民族的特質が早くも発揮された点と，鉄技術の情報伝達・流通組織が貧困であったという国内事情のため，農工具の鉄器化に極端な地域性が生じた3点が弥生時代鉄器の歴史的意義であると結んでいる。

（川越哲志）

■第49号予告■

特集　平安京跡発掘

1994年10月25日発売
総112頁　2,000円

対談・平安京を掘る……角田文衞・坂詰秀一

平安京跡の発掘
　平安京への道—長岡京から平安京へ
　　　　　　　　……………山中　章
　平安京の規模………………辻　純一
　平安宮の建物………………辻　裕司
　寝殿造の遺構………………長宗繁一
　平安京の寺でら……………江谷　寛
　平安京の葬送地……………山田邦和

平安京の生活と経済
　東市と西市の発掘…………菅田　薫
　平安京の瓦…………………江谷　寛
　平安京の土器と陶磁器……百瀬正恒

平安京の周囲
　鳥羽・白河の御所と御堂………鈴木久男
　平安京とその周辺の経塚………坂詰秀一
　平安京と延暦寺…………………梶川敏夫
　東アジアの中の平安京…………菅谷文則
〈付〉　平安京遺跡案内……………前川佳代
〈付〉　平安京考古学文献案内……寺升初代

〈連載講座〉　縄紋時代史 23………林　謙作
〈最近の発掘から〉
　長崎県原の辻遺跡ほか
〈書　評〉　　　　〈論文展望〉
〈報告書・会誌新刊一覧〉〈学界ニュース〉

編集室より

◆日本の考古学は土器学である，というようなことをよく耳にした。実際，土器を扱った本は，同時代の他の事物を取り扱った本よりも数段反応が高いのである。そして，またそれは研究者の数が多いことをも証明しているだろう。もちろん土器による編年が日本考古学上の物指であったことは否定できない。しかし今日のように科学の長足の進歩によって，年代はより確定視されるとなれば，旧態の研究法では埒があかないと思っていたが，本誌によって明確に，土器学の新展開に触れ得た。「縄文土器と集団，文化，社会」まで

をも見透す土器学の前途は洋洋，と言ってもいいようである。　　　　　（芳賀）

◆ちょうど1年前に「縄文時代の家と集落」を特集したが，本号はその続編にあたる。黒潮の流れがぶつかる伊豆諸島の八丈島では関東だけでなく東北，信州さらに関西などの土器の流入が認められるという（川崎氏論文）。こうした例は，量の差はあれ時期を問わず全国的に存在しており，長い土器研究の歴史から，土器の流れを詳細に追うことによって縄文集団の動き——社会や文化がみえてくるのである。今後さらなる具体的な検討のうえに，新しい展望が拓けてくるものと期待される。　　　　（宮島）

本号の編集協力者——小林達雄（國學院大學教授）
（国立歴史民俗博物館運営協議員）

1937年新潟県生まれ，國學院大學大学院博士課程修了。『縄文土器の研究』『日本原始美術大系1—縄文土器』『縄文土器I』（日本の原始美術I）『縄文文化の研究』全10巻『縄文土器大観』全4巻などの著書・編集がある。

■本号の表紙■
火炎土器様式群像

　縄文時代中期に入ると，遺跡が急増して人口も最高潮を極めるとともに，縄文文化のいろいろな分野で著しい活況をみせた。縄文土器もこの気運に乗じて各地で独特な様式を発達させた。越後・佐渡に華開いた火炎土器様式はその代表格の一つである。大仰な4つの突起（鶏頭冠）は前期大木様式に出現した横位の「S」字モチーフにフリルをつけて飾りたてたもので，縄文人の世界観を象徴する重要な記号であった。本様式は三段階ほどの変遷を辿ったのちに，その短い生命を閉じるが，遺跡数も激減し，火炎土器集団の消長の歴史をよく物語っている。
（火炎土器は長岡市立科学博物館蔵）　　　（小林達雄）

▶本誌直接購読のご案内◀

『季刊考古学』は一般書店の店頭で販売しております。なるべくお近くの書店で予約購読なさることをおすすめしますが，とくに手に入りにくいときには当社へ直接お申し込み下さい。その場合，1年分の代金（4冊，送料当社負担）を郵便振替（00130-5-1685）または現金書留にて，住所，氏名および『季刊考古学』第何号より第何号までと明記の上当社営業部まで送金下さい。

季刊 考古学　第48号　　　　1994年8月1日発行
ARCHAEOLOGY QUARTERLY

定価 2,000円
（本体1,942円）

編集人　芳賀章内
発行人　長坂一雄
印刷所　新日本印刷株式会社
発行所　雄山閣出版株式会社
　　　　〒102　東京都千代田区富士見2-6-9
　　　　電話 03-3262-3231　振替 00130-5-1685

◆本誌記事の無断転載は固くおことわりします
ISBN4-639-01234-9　printed in Japan

季刊 考古学 **オンデマンド版** **第48号** 1994年7月1日 初版発行
ARCHAEOROGY QUARTERLY　　　　　　　　2018年6月10日 オンデマンド版発行
　　　　　　　　　　　　　　　　　　　　定価（本体2,400円＋税）

　　　　　　　編集人　　芳賀章内
　　　　　　　発行人　　宮田哲男
　　　　　　　印刷所　　石川特殊特急製本株式会社
　　　　　　　発行所　　株式会社　雄山閣　http://www.yuzankaku.co.jp
　　　　　　　　　　　　〒102-0071　東京都千代田区富士見2-6-9
　　　　　　　　　　　　電話 03-3262-3231　FAX 03-3262-6938　振替　00130-5-1685

◆本誌記事の無断転載は固くおことわりします　　ISBN 978-4-639-13048-2　Printed in Japan

初期バックナンバー、待望の復刻!!

季刊 考古学 OD　創刊号〜第 50 号〈第一期〉

全 50 冊セット定価（本体 120,000 円＋税）　セット ISBN：978-4-639-10532-9

各巻分売可　各巻定価（本体 2,400 円＋税）

号　数	刊行年	特　集　名	編　者	ISBN（978-4-639-）
創刊号	1982 年 10 月	縄文人は何を食べたか	渡辺 誠	13001-7
第 2 号	1983 年 1 月	神々と仏を考古学する	坂詰 秀一	13002-4
第 3 号	1983 年 4 月	古墳の謎を解剖する	大塚 初重	13003-1
第 4 号	1983 年 7 月	日本旧石器人の生活と技術	加藤 晋平	13004-8
第 5 号	1983 年 10 月	装身の考古学	町田 章・春成秀爾	13005-5
第 6 号	1984 年 1 月	邪馬台国を考古学する	西谷 正	13006-2
第 7 号	1984 年 4 月	縄文人のムラとくらし	林 謙作	13007-9
第 8 号	1984 年 7 月	古代日本の鉄を科学する	佐々木 稔	13008-6
第 9 号	1984 年 10 月	墳墓の形態とその思想	坂詰 秀一	13009-3
第 10 号	1985 年 1 月	古墳の編年を総括する	石野 博信	13010-9
第 11 号	1985 年 4 月	動物の骨が語る世界	金子 浩昌	13011-6
第 12 号	1985 年 7 月	縄文時代のものと文化の交流	戸沢 充則	13012-3
第 13 号	1985 年 10 月	江戸時代を掘る	加藤 晋平・古泉 弘	13013-0
第 14 号	1986 年 1 月	弥生人は何を食べたか	甲元 真之	13014-7
第 15 号	1986 年 4 月	日本海をめぐる環境と考古学	安田 喜憲	13015-4
第 16 号	1986 年 7 月	古墳時代の社会と変革	岩崎 卓也	13016-1
第 17 号	1986 年 10 月	縄文土器の編年	小林 達雄	13017-8
第 18 号	1987 年 1 月	考古学と出土文字	坂詰 秀一	13018-5
第 19 号	1987 年 4 月	弥生土器は語る	工楽 善通	13019-2
第 20 号	1987 年 7 月	埴輪をめぐる古墳社会	水野 正好	13020-8
第 21 号	1987 年 10 月	縄文文化の地域性	林 謙作	13021-5
第 22 号	1988 年 1 月	古代の都城―飛鳥から平安京まで	町田 章	13022-2
第 23 号	1988 年 4 月	縄文と弥生を比較する	乙益 重隆	13023-9
第 24 号	1988 年 7 月	土器からよむ古墳社会	中村 浩・望月幹夫	13024-6
第 25 号	1988 年 10 月	縄文・弥生の漁撈文化	渡辺 誠	13025-3
第 26 号	1989 年 1 月	戦国考古学のイメージ	坂詰 秀一	13026-0
第 27 号	1989 年 4 月	青銅器と弥生社会	西谷 正	13027-7
第 28 号	1989 年 7 月	古墳には何が副葬されたか	泉森 皎	13028-4
第 29 号	1989 年 10 月	旧石器時代の東アジアと日本	加藤 晋平	13029-1
第 30 号	1990 年 1 月	縄文土偶の世界	小林 達雄	13030-7
第 31 号	1990 年 4 月	環濠集落とクニのおこり	原口 正三	13031-4
第 32 号	1990 年 7 月	古代の住居―縄文から古墳へ	宮本 長二郎・工楽 善通	13032-1
第 33 号	1990 年 10 月	古墳時代の日本と中国・朝鮮	岩崎 卓也・中山 清隆	13033-8
第 34 号	1991 年 1 月	古代仏教の考古学	坂詰 秀一・森 郁夫	13034-5
第 35 号	1991 年 4 月	石器と人類の歴史	戸沢 充則	13035-2
第 36 号	1991 年 7 月	古代の豪族居館	小笠原 好彦・阿部 義平	13036-9
第 37 号	1991 年 10 月	稲作農耕と弥生文化	工楽 善通	13037-6
第 38 号	1992 年 1 月	アジアのなかの縄文文化	西谷 正・木村 幾多郎	13038-3
第 39 号	1992 年 4 月	中世を考古学する	坂詰 秀一	13039-0
第 40 号	1992 年 7 月	古墳の形の謎を解く	石野 博信	13040-6
第 41 号	1992 年 10 月	貝塚が語る縄文文化	岡村 道雄	13041-3
第 42 号	1993 年 1 月	須恵器の編年とその時代	中村 浩	13042-0
第 43 号	1993 年 4 月	鏡の語る古代史	高倉 洋彰・車崎 正彦	13043-7
第 44 号	1993 年 7 月	縄文時代の家と集落	小林 達雄	13044-4
第 45 号	1993 年 10 月	横穴式石室の世界	河上 邦彦	13045-1
第 46 号	1994 年 1 月	古代の道と考古学	木下 良・坂詰 秀一	13046-8
第 47 号	1994 年 4 月	先史時代の木工文化	工楽 善通・黒崎 直	13047-5
第 48 号	1994 年 7 月	縄文社会と土器	小林 達雄	13048-2
第 49 号	1994 年 10 月	平安京跡発掘	江谷 寛・坂詰 秀一	13049-9
第 50 号	1995 年 1 月	縄文時代の新展開	渡辺 誠	13050-5

※「季刊 考古学 OD」は初版を底本とし、広告頁のみを除いてその他は原本そのままに復刻しております。初版との内容の差違は
　ございません。

「季刊考古学　OD」は全国の一般書店にて販売しております。なるべくお近くの書店でご注文なさることをおすすめしますが、とくに手に入り
にくいときには当社へ直接お申込みください。